AF452241

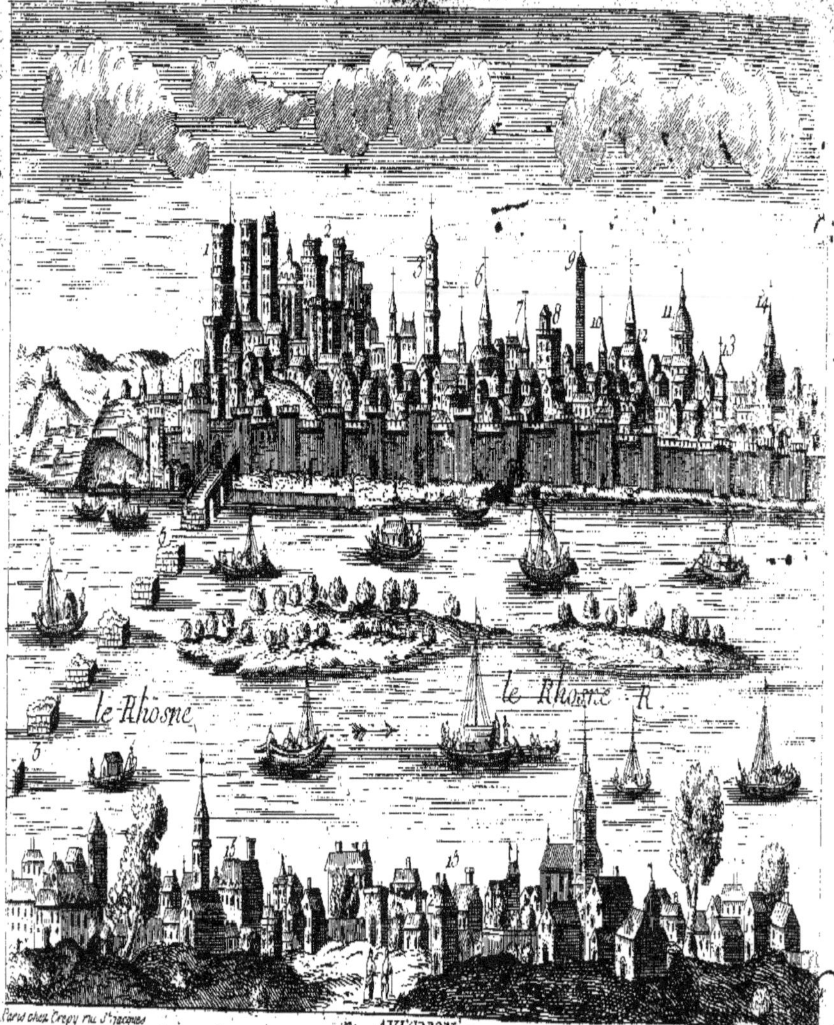

Ville de Provence, Archevesché depuis l'an 1475. elle fut bâtie par les marseillois, et etoit toujours dans les interets d'iceux. República Romaine... dans le V.me siecle elle fut soumise aux Bourguignons, ensuite les gots s'en emparerent en 1125. les Comtes de provence et Clement VI. de Toloze la possedoient en commun et chacun d'eux y avoit ses juges et ses officiers. Jeanne I. qui en etoit heritiere la vendit pape ... 80000 florins, valant 8000. livres argent de Fce. le Pape Clement V. en 1305. et ses successeurs Jean XXII. Benoist XII. Clement VI. Innocent VI. Urbain V. et Gregoire XI. y etablirent le Siege de l'Eglise. Les Chanoines de la Metropole y prirent la Regle de St Augustin en 1096. en presence d'Urbain II. et ils furent secularisez en 1481. par Sixte. il y a une Université fondée en 1303. le Pape gouverne cette ville par un vice Legat. Il y a un Siege auditoire pour la justice et un Bureau des monnoyes. La Police de la Ville depend des Consuls qui s'assemble dans le Palais.

1. le Chasteau	4. le Fort St Martin	7. les Augustins	10. le College du Roure	13. les Capucins
2. le Palais du Vice Legat	5. le Pont ruiné	8. l'Hôtel de Ville	11. les Jesuittes	14. Saint Pierre
3. Nôtre Dame Cathedrale	6. les Carmes	9. la Sinagogue	12. les Jacobins	15. Ville neuve d'avignon qui est au Roy de France

COLOGNE

Ou Coln Ville Imperiale et anseatiques Sᵗ Bonifacc l'Eriga en Archevesché en 734. par l'autorité de Carloman et de Pepin le bref le Prelat est prince et Electeur de l'Empᵛᵉ Archichancelier et Legatne en Italie il a le droit par la bulle d'or de Sacrer l'Empᵉᵘʳ. Le Chapitre est composé de 60. chanoines qui sont tous princes ou Comtes elle a 10. Collegiales. 10. Paroisses. 37. Monasteres. une Université retablie en 388. elle tire son origine des Ubiens qui recher cherent l'alliance de Julles Cesar. Clovis le grand la remit a la Couronne de France elle est sous les Rois de la 1ʳᵉ race. sous ceux de la 2ᵈᵉ elle de vint le partage des princes francois rois de germanie elle a un senat qui a droit d'instruire les proces des criminels et meme de les faire arrester mais il ne peut les condaners ni les Justifier. Cela se reserve a l'electeur. Cologne est appellés Sᵗᵉ elle possede les corps des 11000. Vierges qui furent martorisées par les Huns l'an 238. avec Sᵗᵉ Ursule elle a aussi les tombaux des 3. rois qui vinrent adorer le Fils de Dieu qu'on dit y voir ete apporte de Constantinople.

1. la Tour de Beien.
2. Sᵗ Severin Abbaye.
3. les Chartreux.
4. Sᵗ Penthalon
5. Sᵗᵉ Martin
6. l'Eglise aux Apostre
7. Maison du Couseil.
8. Sᵗ Martin le grand.
9. Sᵗᵉ Marie la grande
10. le grand Temple Sᵗ Pierre ou sont les Corps des 3 Rois Mages
11. Sᵗ Cunsbert
12. le Port et Quay.

A Paris chez Crepy rue Sᵗ Jacques a l'ange gardien.

Ville de France Capitale du Duché de Bourgogne dans le Diocese de Langres a une Université, l'Empereur Aurelien ayant fait abattre un Bourg nommé Burgus Deorum il eut en crainte d'avoir offencé les dieux a qui ce bourg etoit consacreé, pour reparer cette faute par le conseil de sa mere qui avoit eté pretresse du soleil et ne ignoroit rien des choses avenir il bastie sur la Riviere d'Ouche un Temple et un Château nommé Divio et depuis Dijon, il y a un Parlement Etablie par Louis XI. en 1476. le Maire qui porte le titre de vicomte a le Gouvernement de la Ville et du tiers etat de Bourgogne et est accompagné de 21. Echevins qui autrefois portoient le Titre de Senateurs.

1. St Nicolas, Paroisse	4. St Estienne Paroisse	7. St Pierre Paroisse	10. St Benigne Abbaye	13. le Chasteau	16. Bastion de Saint
2. St Michel, Paroisse	5. la Ste Chapelle	8. les Cordeliers	11. les Carmes	14. la Porte Guillaume	George
3. Notre Dame, Paroisse	6. la Maison du Roy	9. ... Paroisse	12. la Tour d'Ouche	15. Bastion de la Reine	

RECÜEIL
DE PLUSIEURS
PLANS DES PORTS ET RADES
DE LA
MER MEDITERRANÉE
Dediée
A MONSEIGNEUR LE GRAND PRIEUR DE FRANCE,
General des Galeres
Levé et Dessigné sur les Lieux par les S.rs Michelot Hydrographe et Pilote Real des Galeres
du Roy et Bremond Hydrographe du Roy et de la Ville, avec Pri.e du Roy

Ville des anciens Allobroges est sur les frontieres de Savoye situé sur le Rhone a lextremité du Lac Leman, elle se gouverne en forme de Republiq; elle
a siege suffragant de Vienne elle est fort ancienne. Crocus Capitaine des Allemands la ruina presque en 271. et l'Empereur Aretien contribua a la retablir, l'Empereur
Charles IV. y fonda une Université l'an 1368. elle eu des Comtes particulier depuis le IXeme siecle les habitans ayant donné dans les nouvelles opinions des
Sacramentaires, et étant animé par les predications de Guillaume Farel leur ministre chasserent en 1534. Pierre de la Baume qui étoit leur Evêque, qui
depuis ce tems font leur residence a Annecy. en 1535. les Genevois soutenus par les Suisses de Berne chasserent les restes de Catholiques de leur ville, ils
y abolirent la Messe et il y etablirent la forme du gouvernement populaire qui y est encore. Jean Calvin et Theodore de Beze sont morts en cette ville et
ils l'ont rendu considerable a ceux de leur party.

1. St Gervais presche	4. le Lac Leman ou de Geneve	7. St Germain presche	11. Les prisons	15. l'Hôpital
2. le Chateau vieux	5. la porte de la Monoye	8. Maison de ville	12. Boulvart St Leger	16. Moulins sur le Rhône
3. la Tour de l'Isle	6. la porte de la Tartece	9. St Pierre ou dte Cathedrale	13. Boulvart de l'Oye	Paris chez Crepy, rue St
		10. Porte de la treille	14. la porte neuve	Jacques a lange gardien.

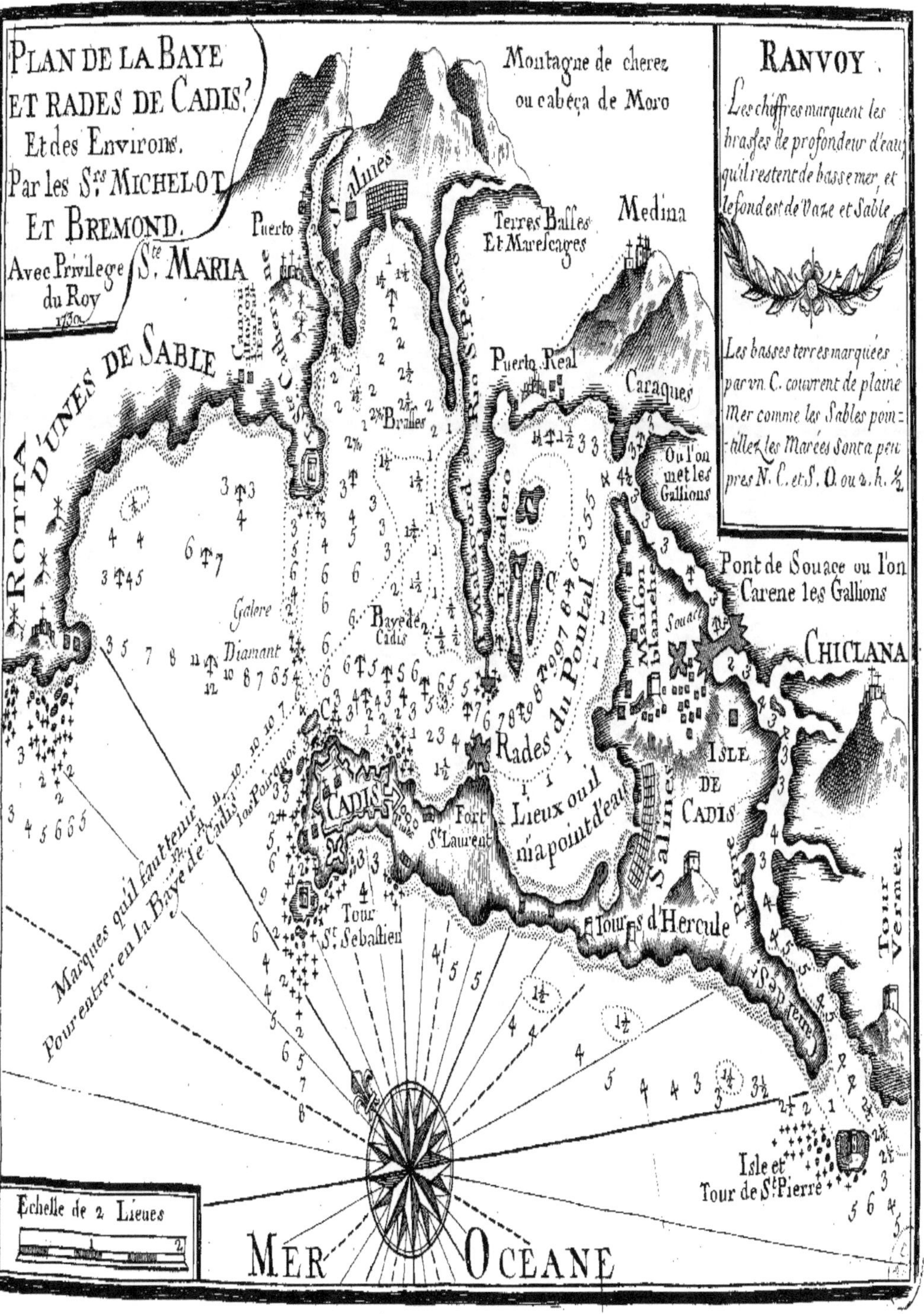

PLAN DE LA BAYE ET RADES DE CADIS
Et des Environs.
Par les Srs MICHELOT ET BREMOND.
Avec Privilege du Roy 1730.
Ste MARIA
Puerto
RANVOY.
Les chiffres marquent les brasses de profondeur d'eau qui restent de basse mer, et le fond est de Vaze et Sable
Les basses terres marquées par vn. C. couvrent de plaine Mer comme les Sables pointillez les Marées sont a peu pres N. E. et S. O. ou 2. h. ½
Montagne de cherez ou cabéça de Moro
Salines
Terres Basses Et Marescages
Medina
Puerto Real
Caraques
Ou l'on met les Gallions
Pont de Souace ou l'on Carene les Gallions
CHICLANA
ROTTA
D'UNES DE SABLE
Galere
Diamant
Baye de Cadis
Brulles
Rio Pedro San
Trocadero
Maison blanche
Souace
Isle DE CADIS
Salines
Marques qu'il fault tenir Pour entrer en la Baye de Cadis
los Porquos
C
CADIS
Fort St Laurent
Rades du Pontal
Lieux ou il n'a point d'eau
Tour St Sebastien
Tours d'Hercule
St Pierre
Tour Vermea
Isle et Tour de St Pierre
Echelle de 2 Lieues
MER OCEANE

AMSTERDAM.

Ville Capitale du Comté de Hollande n'est connuë que depuis l'an 1204. Elle tire son nom de la petite Rivière d'Amstel et son origine d'un Chateau basti sur cette Riviere, le Seigneur y attira des habitans et ce lieu devint la demeure de pecheurs qui n'avoient au commencem.t que des cabanes couverte de chaumes, mais leur pesche s.eur fit entretenir avec leurs voisins un com̄erce qui les rendit plus puissants. Cette Ville aujourdhui des plus considerables est bâti sur le rivage d'une mer inviolable qu'il y auroit a craindre pour elle si on n'y avoit le soin d'y opposer les digues et ses Ecluses. Amsterdam est Gouverné par un Senat composé de 36. personnes et de 4 Bourguemestres élu par le Sénat les quelles font les honneurs de la ville ils disposent de plusieurs charges, et des tresors public et ont soin de ce qui est necessaire pour la sureté de la ville, ils gardent la clef de la banque et on ne l'ouvre jamais qu'en leurs presences, le senat nome 14. Echevins d'entre les quels les Bourguemestres en elisent 7 au quelles on joint 2 anciens les quels sont Juges absolüeni dans toutes les causes civiles et criminelles, neant moins en payant une amande on peut appeller de leurs jugements a la cour de justice etablie dans la province.

1. Porte S.t Antoine	5. l'Ancienne Eglise	7. Nouvelle Eglise	9. Eglise Occidentalle.	11. Eglise Septentrionalle.
3 l'Eglise Françoise	6. la Maison de Ville	8. Tour de Saline	10. Maison des Indes	12. Porte de Harlem
2. l'Eglise Meridionale.	4. l'Hôtel Dieu			

Paris chez Crepy rue S.t Jacques

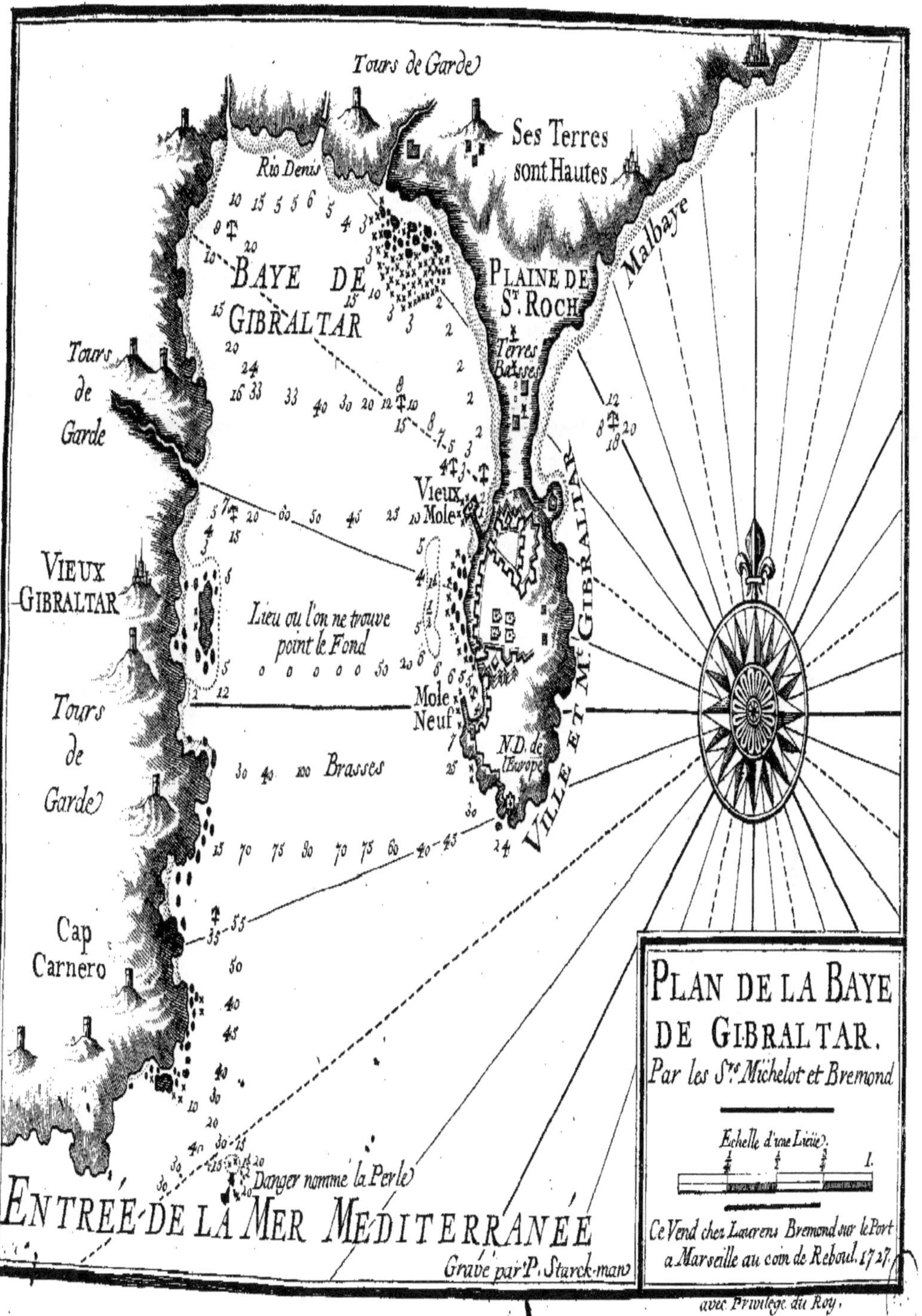

Tours de Garde
Ses Terres sont Hautes
Rio Denis
BAYE DE GIBRALTAR
PLAINE DE St ROCH
Malbaye
Terres Basses
Tours de Garde
VIEUX GIBRALTAR
Lieu ou l'on ne trouve point le Fond
Vieux Mole
VILLE ET Mt GIBRALTAR
Tours de Garde
Mole Neuf
N.D. de l'Europe
Brasses
Cap Carnero
Danger nomme la Perle
ENTRÉE DE LA MER MEDITERRANÉE
Gravé par P. Starck-man
PLAN DE LA BAYE DE GIBRALTAR.
Par les Srs Michelot et Bremond
Echelle d'une Lieüe.
L.
Ce Vend chez Laurens Bremond sur le Port
a Marseille au coin de Reboul. 1727.
avec Privilege du Roy.

à Paris chez Crepy rue St Jacques.

BARCELONE.

Sur la Mer Mediteranée Ville de Catalogne au Roy d'Espagne avec titre de Comté, a cour souveraine, Université, Inquisition et
Evesché Suffraguant de Terragone, Amilcar Barca Capitaine Carthaginois la fit bastir environ 300 ans avant la Naissance du Fils de
Dieu, elle fut soumisse aux Romains et puis dans le V. Siecle aux Visigots et même leur 1er Roy Ataulfe y fut assassiné en 416,
ensuite les Sarrasins s'en rendirent les maitres elle fut aussy a la France sous les Regnes de Charlemagne et Louis de Bonnaire
depuis ayant echu aux Roys d'Arragon, Charle du maine dernier Roy laissa par Testament en 1481 le Royaume d'Arragon
et le comte de Barcelone a Louis 11 Roy de France mais l'Empreur charle 5 par le Traité de Crespy de l'an 1544 en tira du R. F. 1er une Cession.

1 Bastion du Midy	5. l'inquisition	8. les Carmes	11. N. Dame del Pic	14. Palais du Viceroy
2 N. D. du Mont Sarrat	6. Ste Eulalie Cathedrale	9. la Mercy	12. St Joseph	15. L'Arsenal
3. Ste Catherine	7 l'Evesché	10. la Trinité	13. les Cordeliers	16. le Mont jouy
4 Ste Me de la Mer				

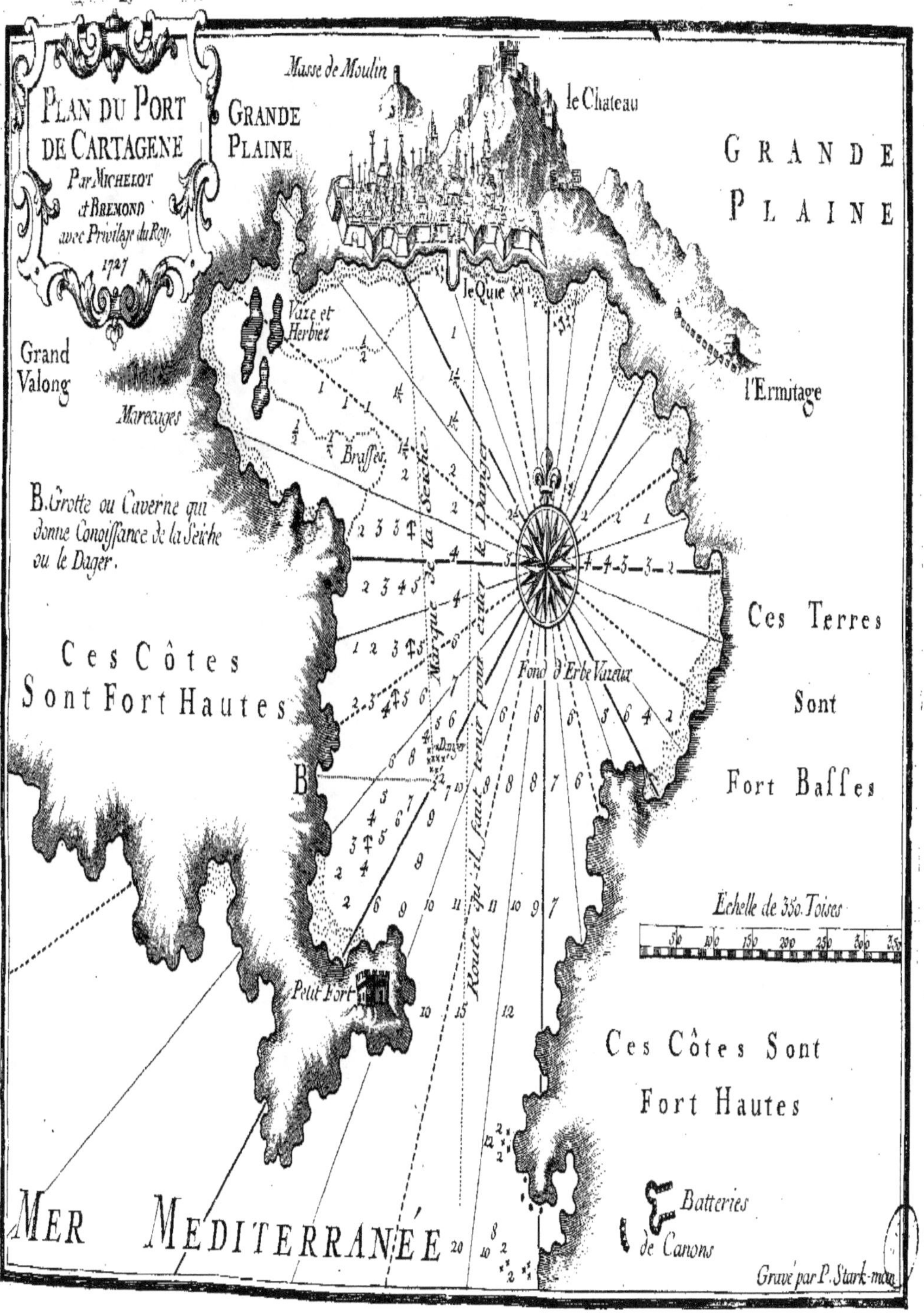

PLAN DU PORT DE CARTAGENE
Par Michelot et Bremond avec Privilage du Roy. 1727
Masse de Moulin
GRANDE PLAINE
le Chateau
GRANDE PLAINE
Je Quie
l'Ermitage
Grand Valong
Vaze et Herbiez
Marecages
Brasses
B. Grotte ou Caverne qui donne Conoissance de la Seiche ou le Dager.
Marque de la Seiche
Route qu'il faut tenir pour entrer le Danger
Ces Côtes Sont Fort Hautes
B
Fond d'Erbe Vazeur
Ces Terres Sont Fort Basses
Echelle de 350. Toises
Petit Fort
Ces Côtes Sont Fort Hautes
Batteries de Canons
MER MEDITERRANÉE
Gravé par P. Stark-man

A Paris chez Crepy rue St Jacques.

BREST.

Sur la mer ville de France en Bretagne avec un excellent port. C'est le Brivates Portus Gesocribate ou Gesobrivate des Auteurs latins la ville est scitue sur le penchant d'une colline du costé du port dont l'entrée est deffendüe par un bon château elevée sur une Roc. Ce port dans un golfe ou la mer entre par quatre endroits differents est estimé le meillieur de toute l'Europe aussy les vaisseaux y sont toujours a flot. C'est le magazin de l'amirauté de France pour les navires qui vont sur l'Occean.

1. le Chateau.
2. l'Eglise des 7 Saints.
3. les Jesuittes.
4. l'Hospital St Louis
5. les Carmes d'Echaussé.
6. les Religieuses de la Visitation.
7. N.D. de Pitié.
8. l'Hosp.l de la charité.
9. N.D. de Recouvrance.
10. St Sauveur.
11. St Pierre.
12. Les Capucins.

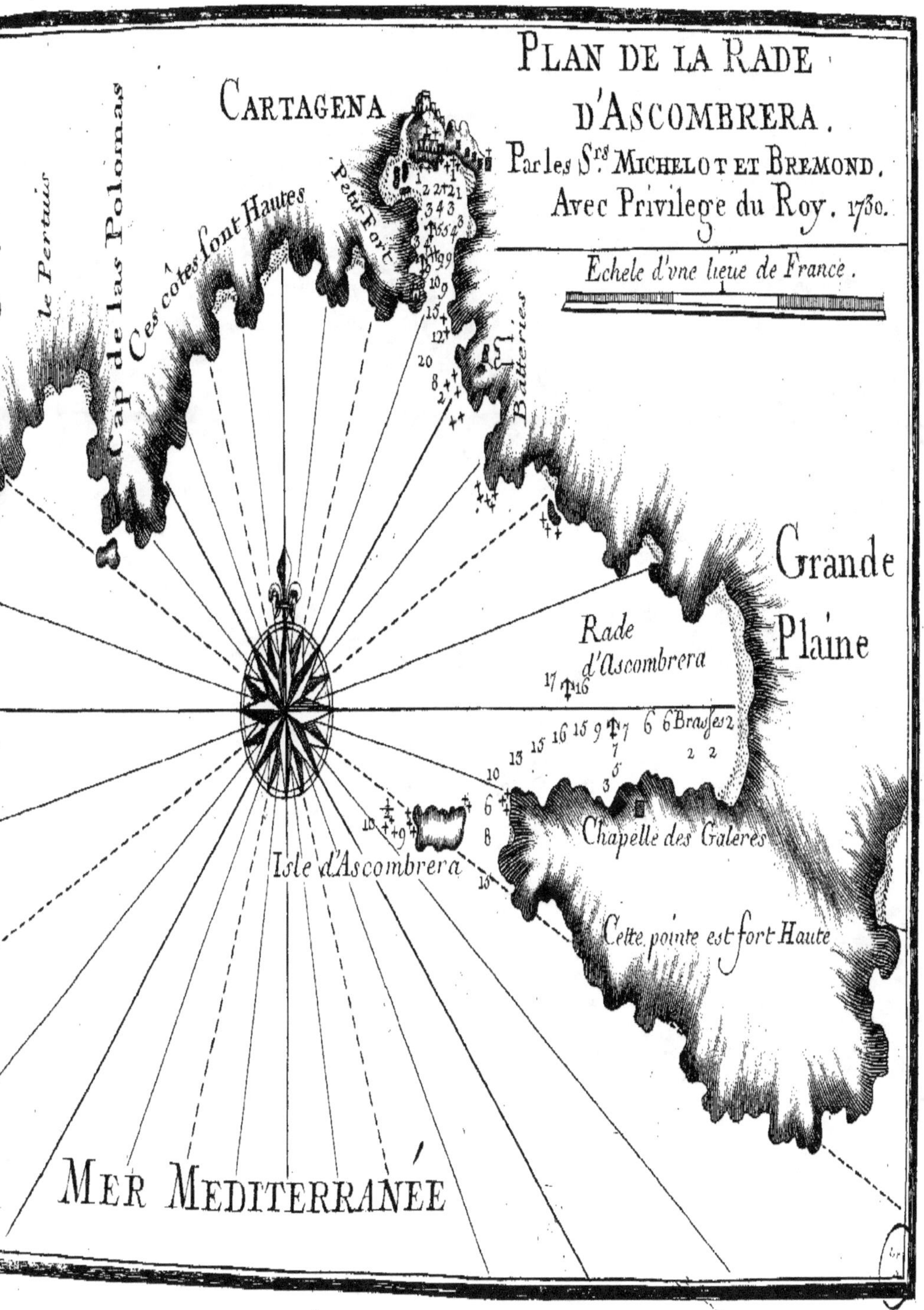

CARTAGENA
PLAN DE LA RADE
D'ASCOMBRERA.
Par les Srs. MICHELOT ET BREMOND.
Avec Privilege du Roy. 1730.
Echele d'vne lieue de France.
le Pertuis
Cap de las Polonas
Ces cotes font Hautes
Petit Fort
Batteries
Grande
Plaine
Rade
d'Ascombrera
6 Brasses
Chapelle des Galeres
Isle d'Ascombrera
Cette pointe est fort Haute
MER MEDITERRANÉE

CALAIS.

Ville et Port de Mer de France Capitale du Pays reconquis Baudouin IV. dit le Barbu comte de Flandres fit commencé le port qu'il nomma Petresse et Philippes Comte de Boulogne un des mecontans qui se liguerent contre la Regence de Blanche, mere de St Louis fit entourer de muraille la ville qui n'etoit au paravant qu'un Bourg, Edouard III. Roi d'Angleterre l'emporta l'an 1347. sur les François apres 10. mois de Siege les Anglois qui par le moyen de ce port se vantoient d'avoir les Clefs de la France pendües a la Ceinture la conserverent 210. ans. le Duc de Guise la prit l'an 1658. apres un siege de 10. jours. l'Archiduc Albert d'Autriche Gouverneur pour le Roi d'Espagne dans les pais bas prit Calais l'an 1696. Elle fut rendüe deux ans apres au Roy Henry IV. par un des Articles de la paix de Vervins, l'on ne peut entrer dans le port qu'avec la permission de la Garnison du Risban. Calais n'est pas une grande Ville mais Elle est bien bastie et beaucoup peuplée, Les Eglises y sont magnifiques, elle est le Portus Lecius, des anciens Elle donne son nom au detroit de Sept lieües qui est depuis la France jus qu'a Douvres en Angleterre. C'est ce que nous appellons le passage ou pas de Calais et les Anglois The Straict of.

			7. la Citadelle		
1. N. Dame Parroisse	3. Tour de Beffroy	5. Porte du Quay	8. le Vieux Château	10. Fort du Risbanck	va journellement
2. l'Hôtel de Guise	4. l'Hôtel de ville	6. Tour du Guet	9. le Port et Havre	11. le Pocquebot qui	en Angleterre.

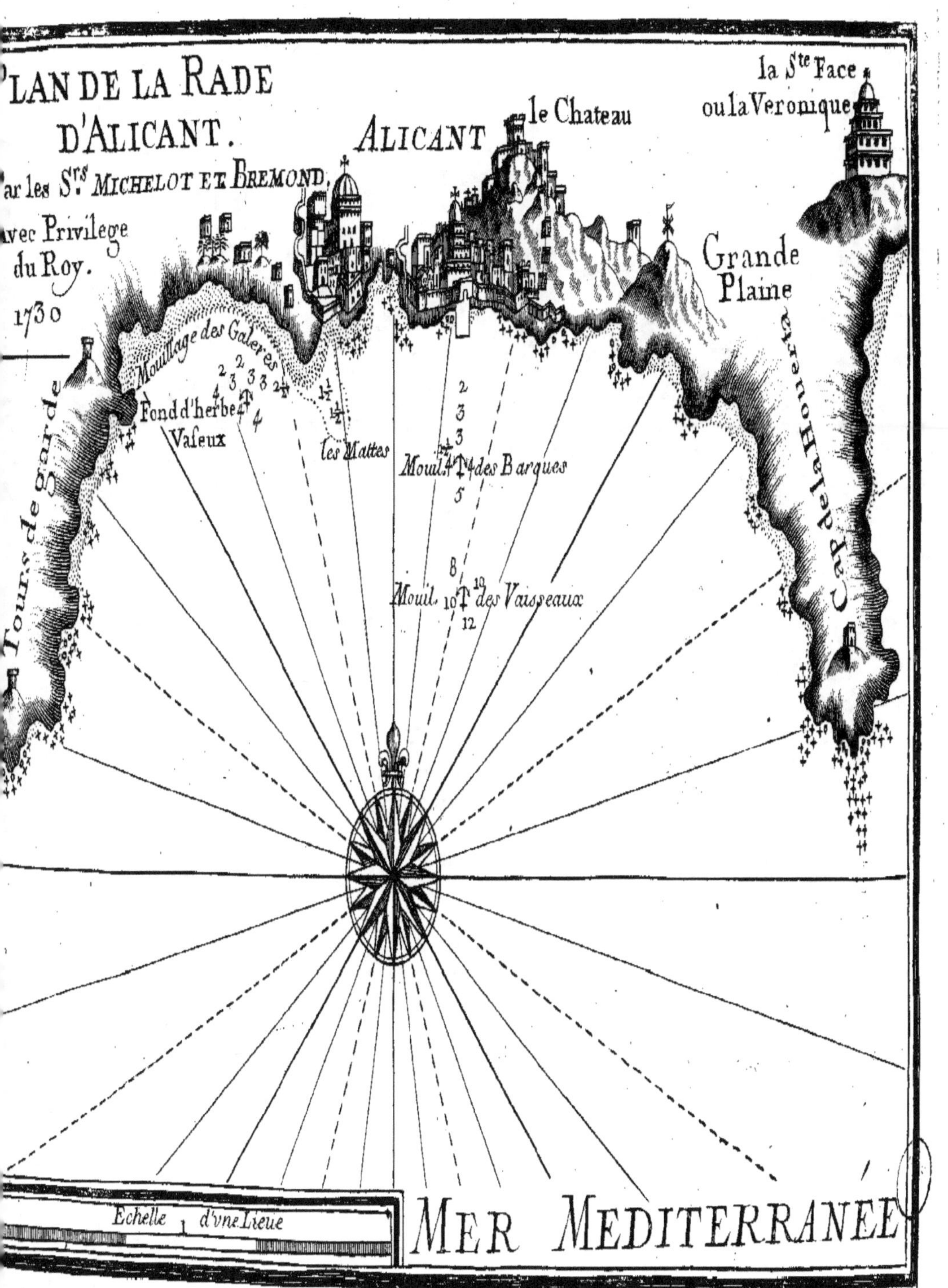
PLAN DE LA RADE D'ALICANT.
Par les Srs MICHELOT ET BREMOND,
avec Privilege du Roy.
1730
ALICANT
le Chateau
la Ste Face ou la Veronique
Grande Plaine
Mouillage des Galeres
Fond d'herbe
Vaseux
les Mattes
Tours de garde
Cap de la Houerta
Mouil. T des Barques
Mouil. T des Vaisseaux
Echelle d'vne Lieue
MER MEDITERRANEE

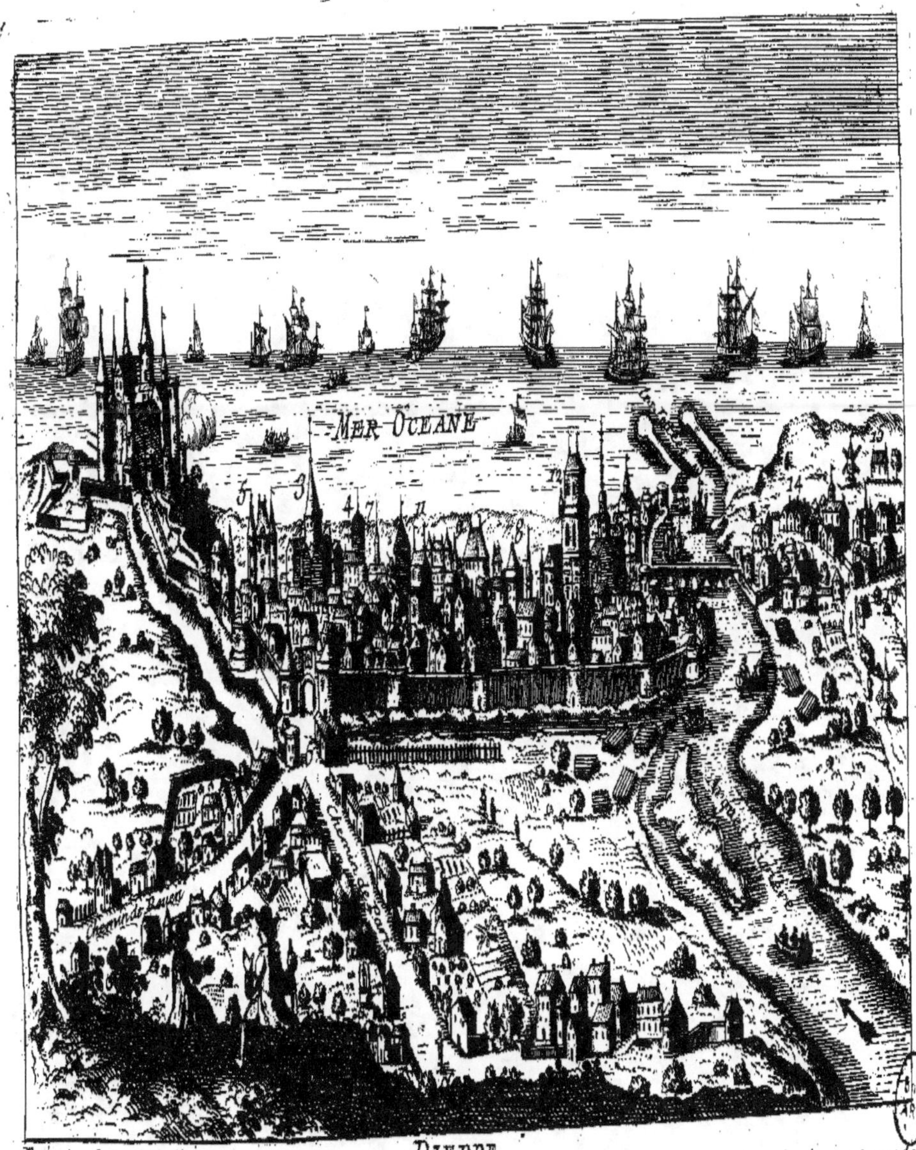

A Paris chez Crepy rue S. Jacques.

DIEPPE.

Sur la mer Ville de France dans la haute Normandie et Païs de Caux entre S.t Valeri et Eu à 10. lieües de Roüen est situé au pied des montagnes d'ou sort la riviere d'Arques qui separe le faubourg de la ville ou elle fait un Port long et etroit. la Ville est grande bien bâtie avec un Château qui la comande elle a de belles rües, plusieurs places et de tres jolies églises, et a été souvent prise et reprise durant les guerres des Anglois et des françois depuis le regne de Philippe Auguste qui la ruina presque en 1195. les Huguenots s'en rendirent Maitres durant les guerres Civiles et y pillerent les églises depuis ils y appellerent les Anglois. Mais en 1562. Elle fut rendüe au Roy apres la mort de Henry III. le Roy Henry le grand se retira à Dieppe. il deffit proche de cette ville le Duc de Mayenne a la bataille d'arques, ensuitte elle fut encore prise par ceux de la ligue et elle se soumit au Roy en 1594 son importance fait qu'elle a été exposée à tous ces accidens facheux durant les guerres. les Bourgeois de Dieppe font des jeux floreaux les jours de la Nativité de N. Seigneur, et de l'assomption de la S.te Vierge.

1. le Château	5. porte de l'Ouest	9. Maison de Ville	13. le Port
2. la Citadelle	6. porte de la Barre	10. les Ursolines	14. le Paulet
3. S.t Remy	7. les Carmes	11. les Minimes	15. les Capucins
4. les Jesuittes	8. l'Hotel Dieu	12. S.t Jacques	16. l'Hopital general

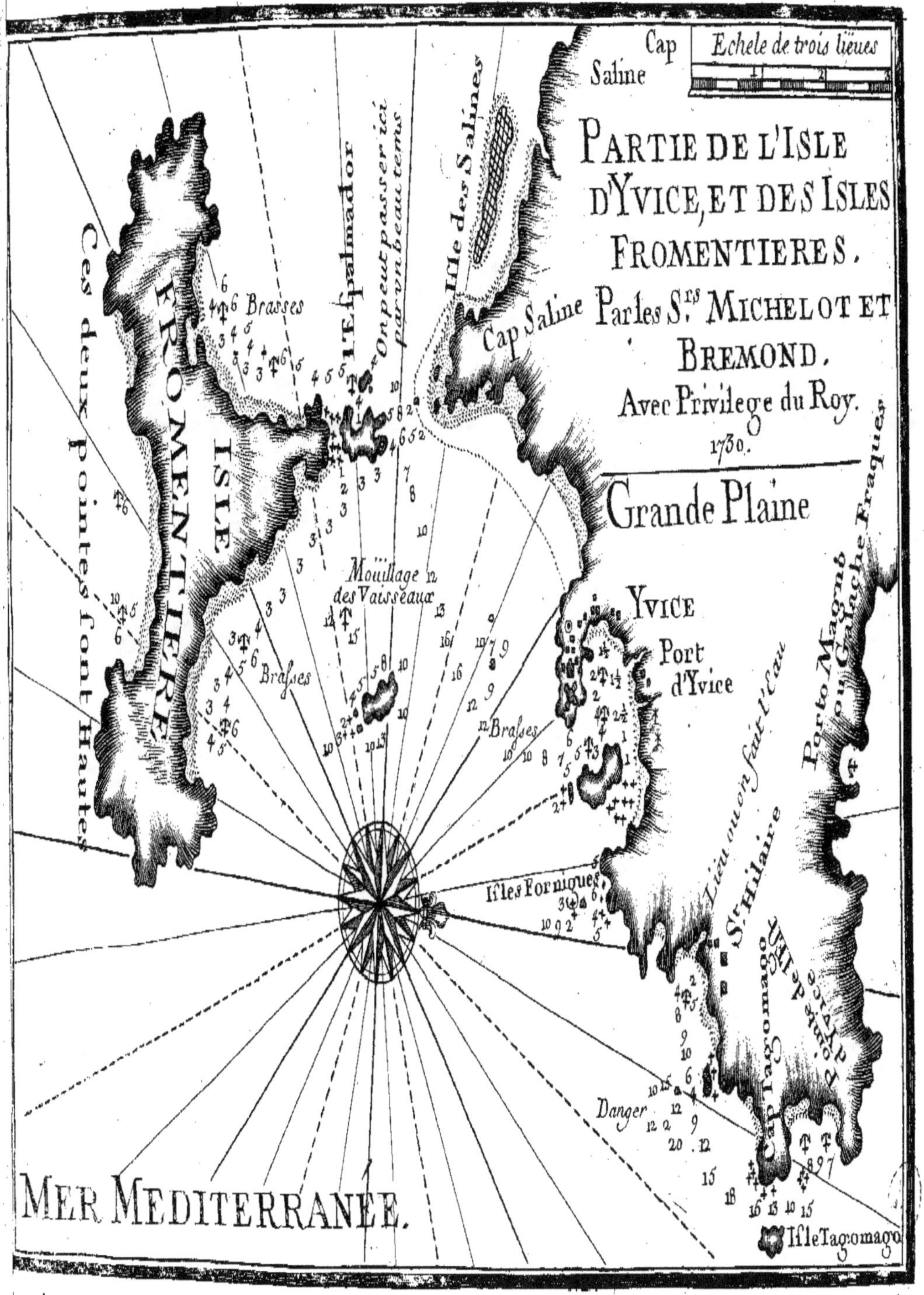

Cap
Saline

Echele de trois lieues

PARTIE DE L'ISLE D'YVICE, ET DES ISLES FROMENTIERES.

Par les S.rs MICHELOT ET BREMOND.
Avec Privilege du Roy.
1730.

ISLE FROMENTIERE

Ces deux pointes sont Hautes

Brasses

L'Estramador

On peut passer ici par un beau tems

Isle des Salines

Cap Saline

Grande Plaine

YVICE

Port d'Yvice

Mouillage des Vaisseaux

Brasses

Brasses

Brasses

Isles Forniques

Lieu ou on fait l'Eau

St Hilaire

Porto Magnb ou Galache Fraques

Cap Tagomago

Pointe d'Alcar

Danger

MER MEDITERRANEE.

Isle Tagomago

LE HAVRE DE GRACE.

Ville de France dans la Province de Normandie, elle est située a l'embouchure de la Seine avec un beau Port et une Citadelle des plus regulieres au dessous de Rouen entre Harfleur et Fescamp. Le Roy François I. commença a fortifier cette, pour en faire un rempar contre les courses des Anglois, l'Armée du Roy la siegea et la remirent au Anglois. Henry II. y fit travailler aussi. Les Huguenots la prirent sous le Regne de Charles IX. en 1562. et la rendit le 27. juillet avec toute l'Artillerie l'ensuite et la peste y faisoit dedans de furieux ravages, le Comte de Warwic qui commandoit de dans la une nouvelle conspiration sur le Havre de Grace muration et les Vaisseaux qui se trouverent appartenir au François, les Huguenots firent en 1569. une nouvelle conspiration sur le Havre de Grace elle ne reussit pas. Le Roy Louis XIII. en augmenta les fortifications, fit bastir la Citadelle flanquee de quatre grands Bastions Royaux et en fit une Place importante, une des clefs du Royaume, la Ville est tres agreable avec de beaux edifices, de jolie Places et le commerce la rend tres considerable.

1. Porte du mole.
2. le Mole. 3. le Quay.
4. Fontaine.
5. le Havre et Bassin.
6. Notre Dame Paroisse.
7. Bassin des Capucins.
8. Porte Notre Dame.
9. les Capucins.
10. l'Hostel de Ville.
11. Digue de Dingouville.
12. la Citadelle.
13. Porte de la Cittadelle.
14. Logis du Gouverneur.
15. Porte du secour.
16. Casernes des Soldats.

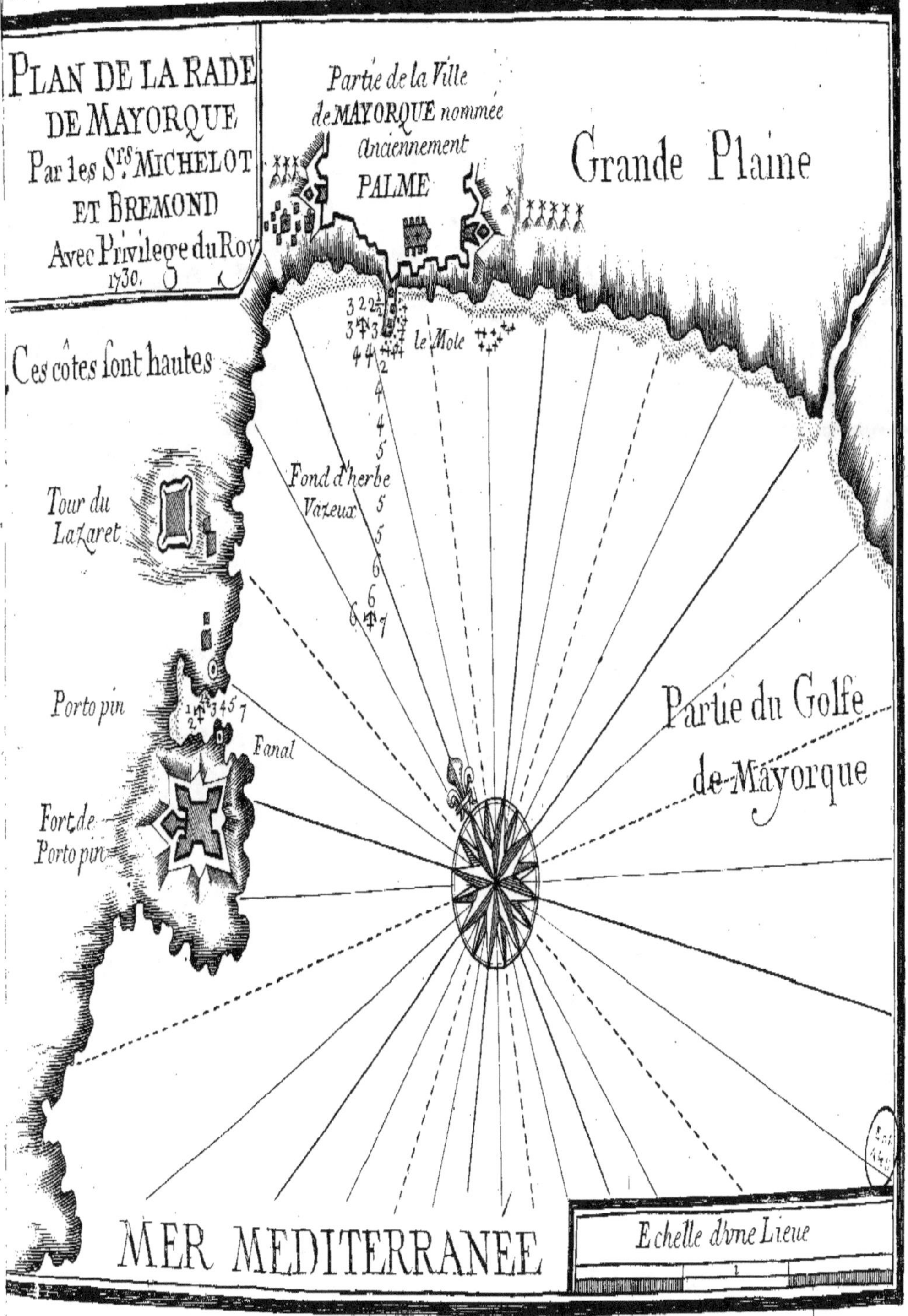

PLAN DE LA RADE
DE MAYORQUE
Par les Srs MICHELOT
ET BREMOND
Avec Privilege du Roy
1730.
Partie de la Ville
de MAYORQUE nommée
Anciennement
PALME
Grande Plaine
Ces côtes font hautes
le Mole
Tour du
Lazaret
Fond d'herbe
Vazeux
Porto pin
Fanal
Partie du Golfe
de Mayorque
Fort de
Porto pin
MER MEDITERRANEE
Echelle d'vne Lieue

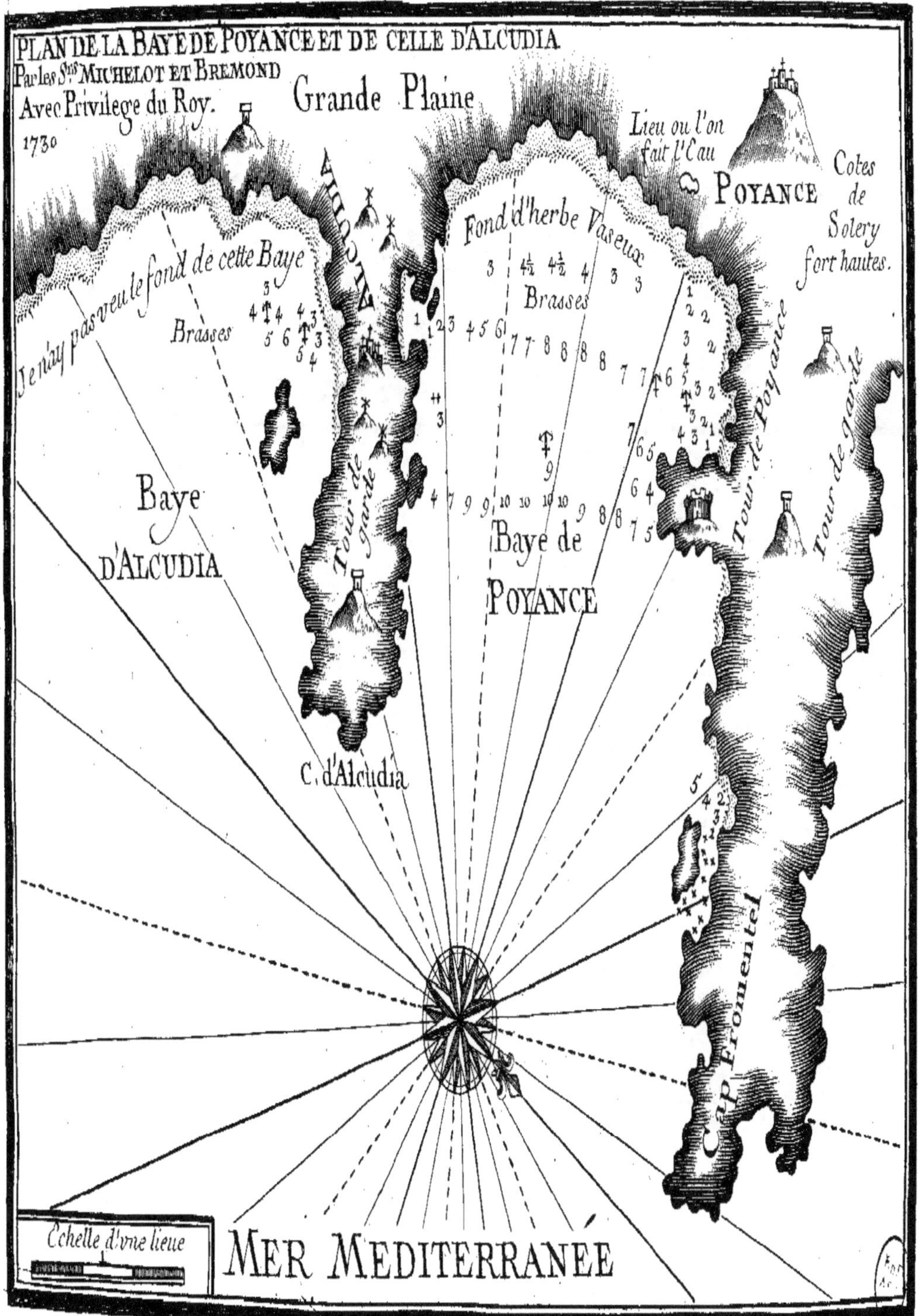

PLAN DE LA BAYE DE POYANCE ET DE CELLE D'ALCUDIA
Par les Srs MICHELOT ET BREMOND
Avec Privilege du Roy.
1730
Grande Plaine
Lieu ou l'on fait l'Eau
POYANCE
Cotes de Solery fort hautes.
Je n'ay pas veu le fond de cette Baye
Brasses
Fond d'herbe Vaseux
Brasses
Baye D'ALCUDIA
Tour de Garde
Baye de POYANCE
Tour de Poyance
Tour de Garde
C. d'Alcudia
Cap Fromentel
Echelle d'vne lieue
MER MEDITERRANÉE

MALTE.

Cette Isle est ordinairemēt attribué a l'Afrique cependant la liaisō quelle a et l'homage quel rend au Roy de Scicile dont elle est un fief. font qu'on t'la met aujourd'hui dans leur ope elle a eu d'ordinaire les memes souverains que la Scicile mais aujourd'huy elle est au pouvoir des chevaliers de l'ordre de S.t Jean de Jerusalem tayant pe du Rhodes en 1622. charle quint la leurs donna en 1530. cet ordre est composée de 7. langues principales qui sont. provence Auuergue. France. Italié Arragon, Allemagne, et Castille. il y en avoit aussy avant la pretendu reforme une 8.me qui est t'celle d'Angleterre on donne la qualité d'Eminence au grand mait, la capitale est la Vallette Ville la mieux fortifié de l'univers. il y a un Evesche et le plus belle Hopital de l'Europe. elle est celebre par la viggoureuse resistance quelle fit contre les Turcs qui la siegerent en 1665. et qui furent obligé de se retirer S.t Paul setant sauvé en cette isle d'un neaufrage il s'approcha du feu ou un serpent lui picqua la main sans le blesser et il la benit affin quelle ne porta plus de ses insestes.

1. le Chateau S.t Elme.	5. Palais du grand Maitre.	9. Auberge d'Italie.	13. Nouvelle Enceinte.	17. l'Inquisition.
2. le Grand Port.	6. les Jesuittes.	10. Auberge de France.	14. l'Isle de la Sengle.	18. S.t Laurent.
3. la Valette nouvelle Ville.	7. l'Infirmerie.	11. Porte Royalle.	15 L'arcenal.	19. le Fort de Ricasoli.
4. S.t Jean Cathedrale.	8. Chancellerie.	12. le Mail.	16. le Chateau S.t Ange.	20. Port de Marsa-mouchet.

A Paris chez Crepy rue S.t Jacques a lange gardien.

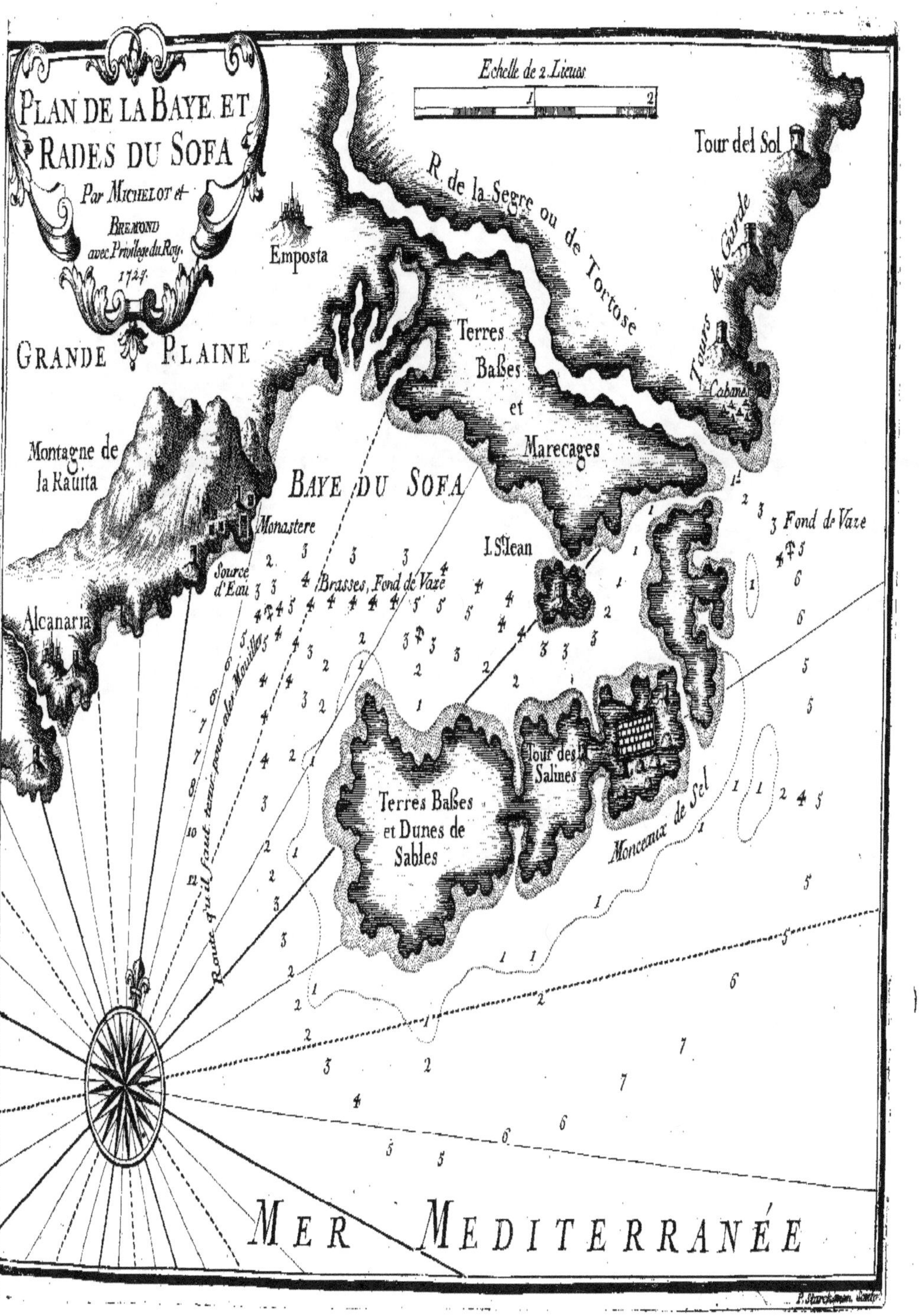

PLAN DE LA BAYE ET RADES DU SOFA
Par MICHELOT et BREMOND avec Privilege du Roy.
1724.
Echelle de 2 Lieus
1
2
Tour del Sol
R. de la Segre ou de Tortose
Tours de Garde
Emposta
Terres Baßes et Marecages
Cabanes
GRANDE PLAINE
Montagne de la Rauita
BAYE DU SOFA
Fond de Vaze
Monastere
I. St Jean
Source d'Eau
Brasses, Fond de Vaze
Alcanaria
Route qu'il faut tenir pour le Mouille
Tour des Salines
Terres Baßes et Dunes de Sables
Moncenux de Sel
MER MEDITERRANÉE
P. Starchman Sculp.

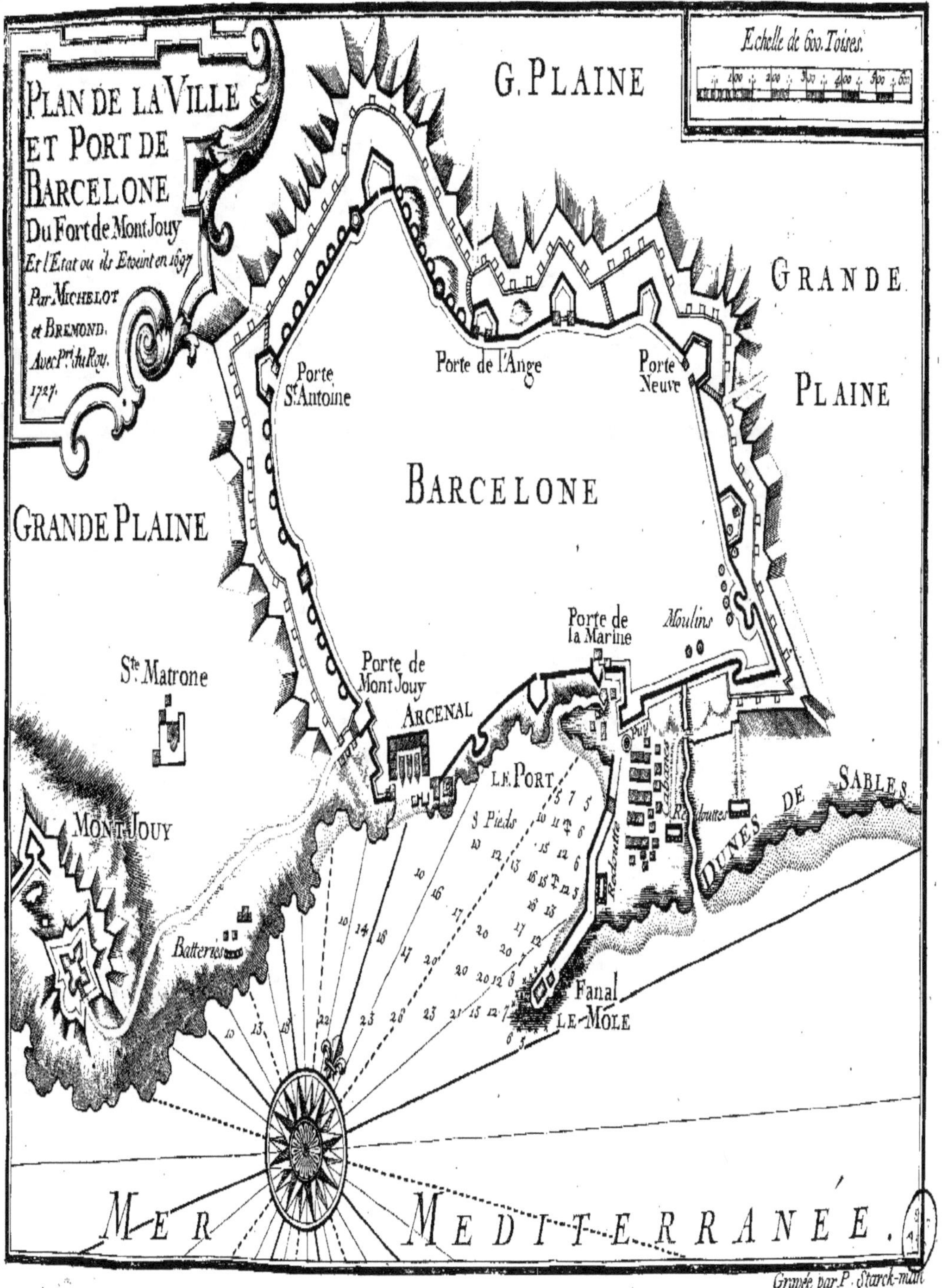

G. PLAINE
GRANDE PLAINE
PLAN DE LA VILLE ET PORT DE BARCELONE
Du Fort de Mont Jouy
Et l'Etat ou ils Etoient en 1697
Par Michelot et Bremond.
Avec Prii. du Roy.
1727
Echelle de 600. Toises.
100 200 300 400 500 600
Porte St Antoine
Porte de l'Ange
Porte Neuve
BARCELONE
GRANDE PLAINE
Ste Matrone
Porte de la Marine
Moulins
Porte de Mont Jouy
ARCENAL
MONT JOUY
Batteries
LE PORT
Pieds
Redoutes
DUNES DE SABLES
Fanal
LE MÔLE
MER MEDITERRANÉE.
Gravée par P. Starck-man

NANTES.

Ville de France dans la haute Bretagne avec titre de Comté et Evesché suffragant de Tours, quelques unes croyent qu'elle fut bâtie par Nantez un descendant de [...] elle est très considerable tant par sa situation et sa force que pour son commerce, elle a eu ses comtes particuliers et depuis elle a été le Siege des Ducs, il y a Presidial, generalité, Chambre des comtes et Université; l'Evesque de Nantes est Conseiller né du Parlemt de Rennes. Neomene etoit descendu des anciens Rois de Bretagne dont il se rendit Souverain aprés la sanglante bataille de Fontenay, l'An 841 ce fut à la Sollicitation du Comte Lambert, celui cy au desespoir [...] Evesque le Roi Charles le Chauve lui avoit preferé Renaud Comte de Poitiers aprés il avoit donné la Ville de Nantes persuada Neomene de se revolter ensuite [...] le secours des Bretons, tua Renaud et se rendit maitre de Nantes; Sa conduite deplut a Neomene qui le chassa de cette ville, alors lambert furieux, alla implorer la protection des Normands les amenat devant Nantes quils prirent par Escalade l'An 844. ils egorgirent la plus part des habitans qui s'etoient refugié dans l'Eglise St. Pierre et massacrerent sur le grand autel l'Evesque qui disoit la Messe, le Roi Henry IV etoit l'An 1598. a Nantes aprés avoir reçu la province de Bretagne qui avoit pris le party de la ligue avec Philippe Emanuel de Lorraine Duc de Mercœur &c. Sô Gouvernemt fit au mois d'avril le dit de Nantes en faveur des pretendus reformaz.

1. la Fosse
2. les Capucins
3. le Fauxbourg St. Michel
4. la Bruce
5. le Port
6. les Jesuittes
7. St. Nicolas
8. les Carmes
9. la Tour de Bouffé
10. le Palais
11. N. Dame Conciliale
12. St. Pierre Cathedrale
13. Ste. Radegunde
14. le Chasteau
15. les Jacobins
16. les Peres de l'Oratoire
17. le Faubourg de Paris
18. le Port de Brie a Maillard
19. les Prez de la Madelaine
20. la Tour de Pillemy

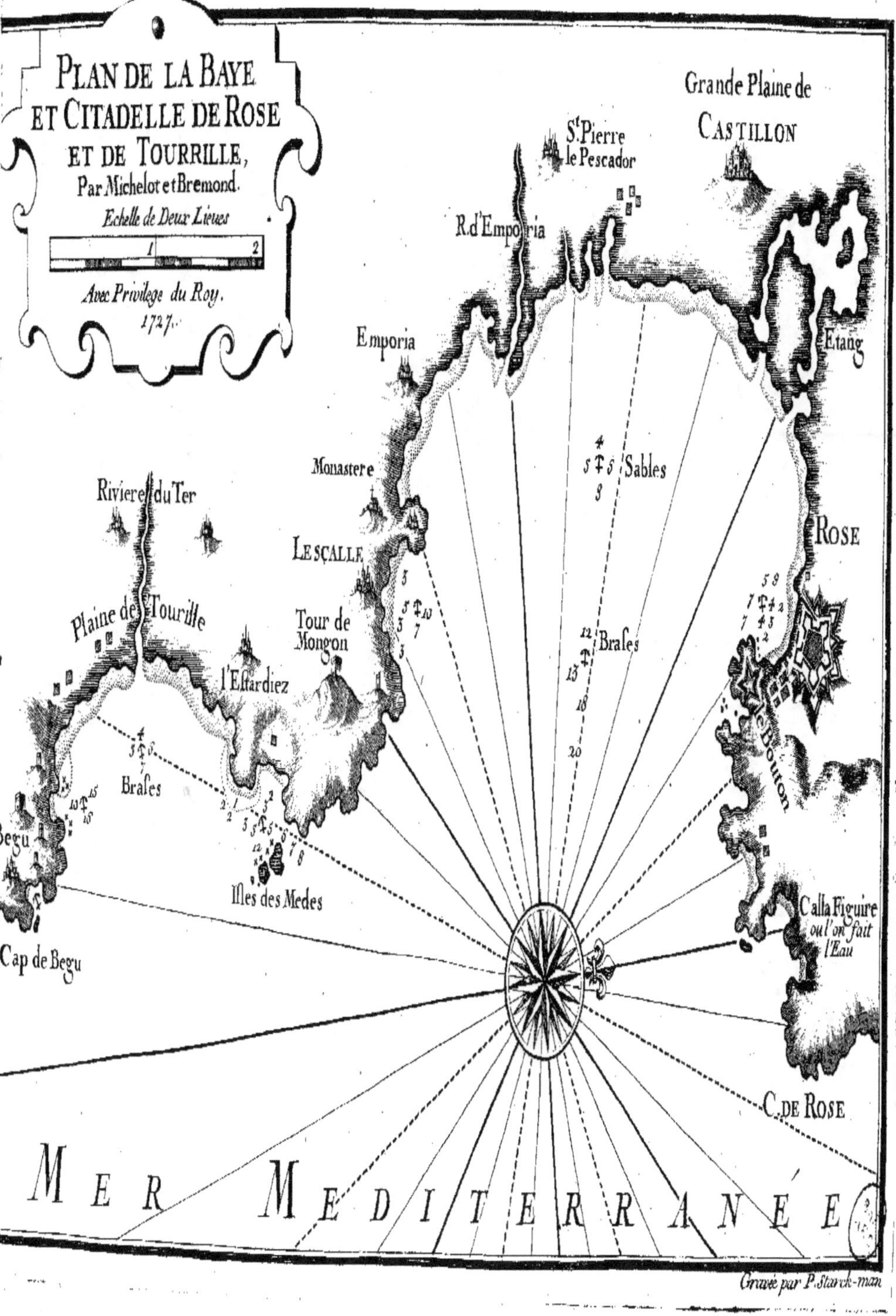

PLAN DE LA BAYE
ET CITADELLE DE ROSE
ET DE TOURRILLE,
Par Michelot et Bremond.
Echelle de Deux Lieues
1
2
Avec Privilege du Roy.
1727.
Grande Plaine de
CASTILLON
St Pierre le Pescador
R.d'Emporia
Emporia
Etang
Monastere
Sables
Riviere du Ter
Rose
Plaine de Tourille
Lescalle
l'Estardiez
Tour de Mongon
Brases
le boulon
Begu
Brases
Isles des Medes
Cap de Begu
Calla Figuire ou l'on fait l'Eau
C. de Rose
MER MEDITERRANÉE
Gravée par P. Starck-man

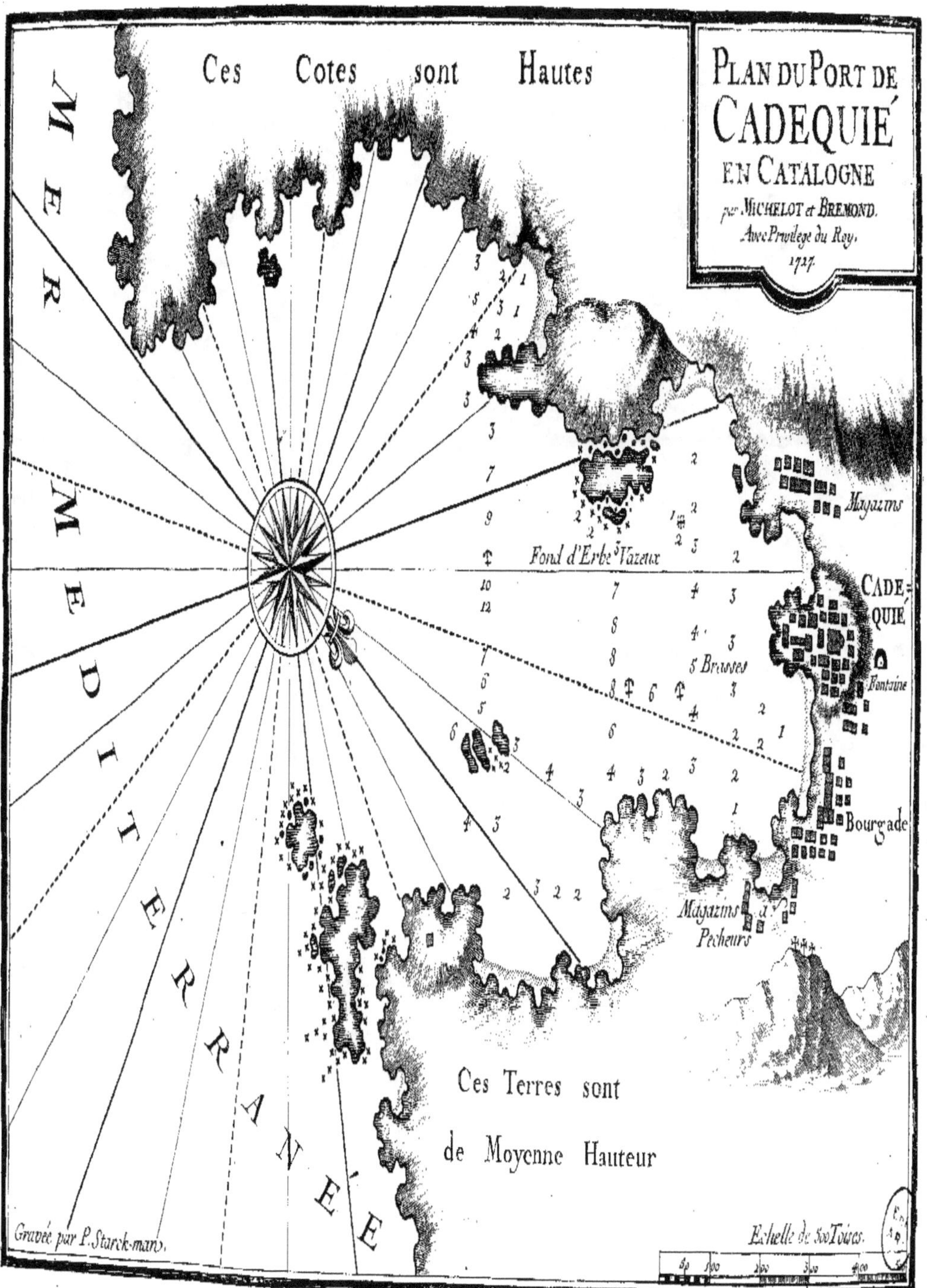

Ces   Cotes   sont   Hautes
PLAN DU PORT DE
CADEQUIÉ
EN CATALOGNE
par MICHELOT et BREMOND.
Avec Privilege du Roy.
1727
MER
MEDITERRANÉE
Fond d'Erbe & Vazeux
5 Brasses
Magazins
CADE=
QUIÉ
Fontaine
Bourgade
Magazins a
Pecheurs
Ces Terres sont
de Moyenne Hauteur
Gravée par P. Starck-man.
Echelle de 500 Toises.

Paris chez Crepy rue S.t Jacques

REIMS.

a l'ange gardien

Ville de France en Champagne avec titre de premier Duché et Pairrie de France Archevesché, en l'Eglise Metropole l'Archevesque de Reims sacre nos
Rois de l'huille conservé dans un petit vase dit la Sainte ampoule envoyé du Ciel au Sacre de Clovis et Conservé en l'Abbaye Saint Remy.
Il y a en Cette Ville presidial Baillage et Universitté, Fondé par Charles de Lorraine qui en étoit Archevesque, Le Pape Sylvestre II. et
Urbain II. en ont eté Chanoines, Adrien. IV. Archidiacre. et Adrien V. Chancelier. Elle a eüe Douze princes assis sur Son Siege.
Douze de ses Prelats ont eté ornée de la Pourpre, Six ont eté Legats a Latere et neuf Chanceliers de France, Outre cela
15. Chanoines de la Metropole ont eté elevé au Cardinalat et plus de 30. ont eté Evesque.

1. la Porte de Mars.......	4. N. Dame Cathedrale....	7. le College..........	10. les Carmes.........	13. S.t Nicaise Abbaye......
2. Porte de Vesle	5. le Baillage........	8. l'Hostel de Ville.......	11. la Monoye.........	14. Porte de Lumiere......
3. les Cordeliers.......	6. l'Archevesché........	9. S.t Pierre Abbaye......	12. S.t Remy Abbaye......	15. la Riviere de Vesle.....
				16. Chemin de Paris.....

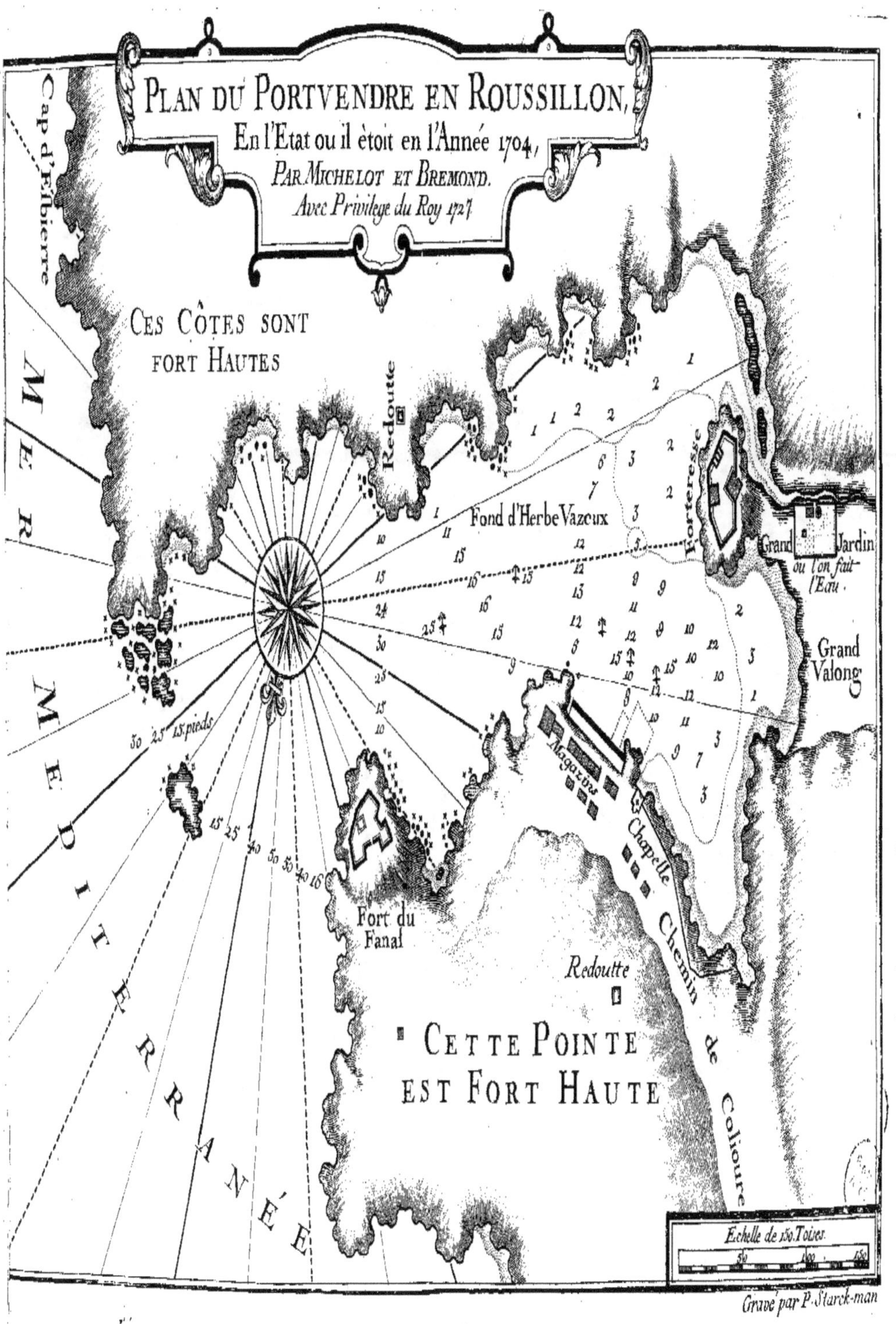

Cap d'Elbiere
MER
MEDITERRANÉE
PLAN DU PORTVENDRE EN ROUSSILLON,
En l'Etat ou il étoit en l'Année 1704,
Par Michelot et Bremond.
Avec Privilege du Roy 1727.
CES CÔTES SONT FORT HAUTES
Redoutte
Fond d'Herbe Vazeux
Forteresse
Grand Jardin ou l'on fait l'Eau.
Grand Valong
15. pieds
Fort du Fanal
Magazin
Chapelle
Chemin de Collioure
Redoutte
CETTE POINTE EST FORT HAUTE
Echelle de 150. Toises.
Gravé par P. Starck-man

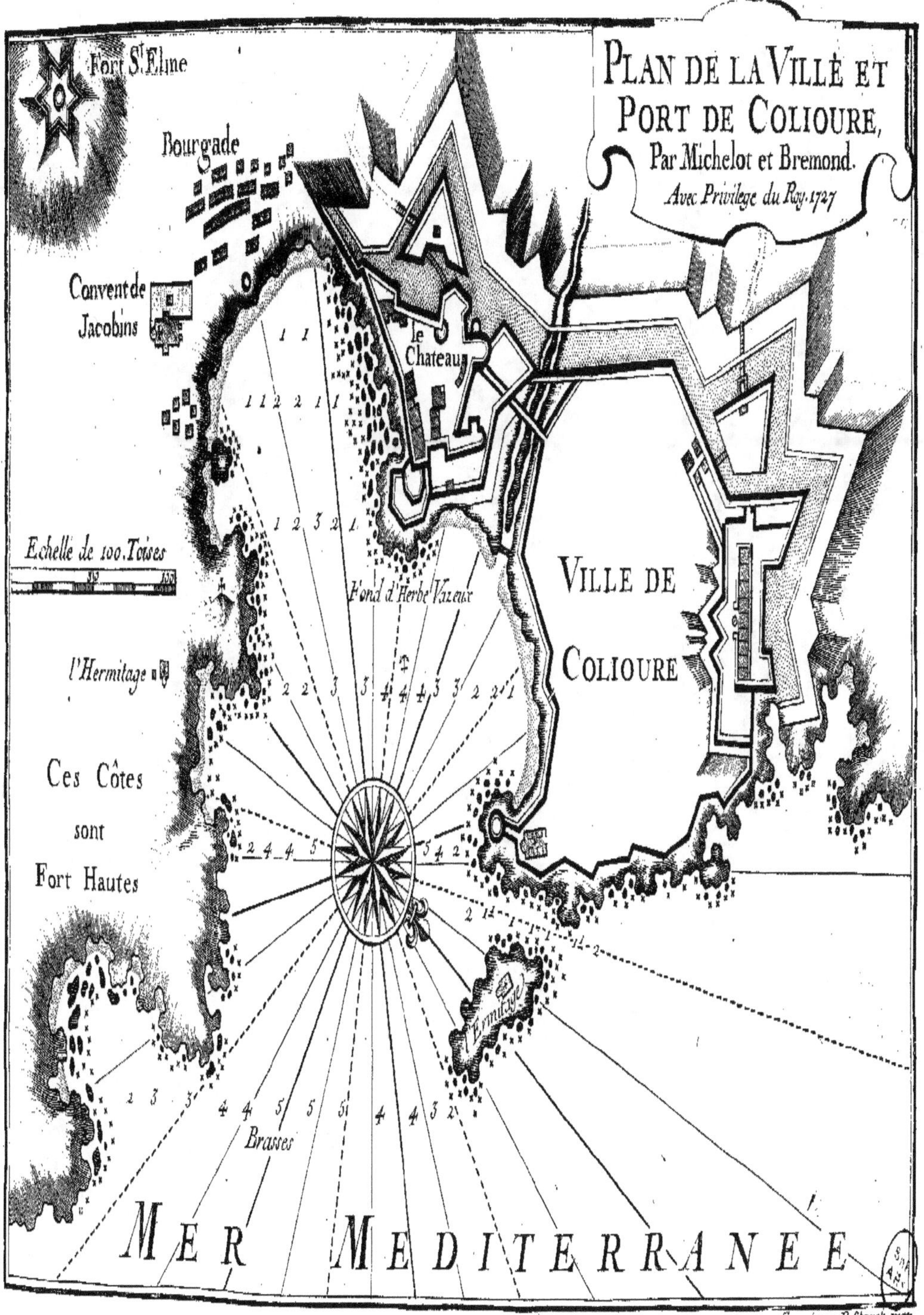

Fort Ste Eline
Bourgade
Convent de Jacobins
le Chateau
PLAN DE LA VILLE ET PORT DE COLIOURE,
Par Michelot et Bremond.
Avec Privilege du Roy. 1727
Echelle de 100. Toises
l'Hermitage
Ces Côtes
sont
Fort Hautes
Fond d'Herbe Vazeux
VILLE DE COLIOURE
Ermitage
Brasses
MER MEDITERRANEE
Grave par P. Starck-man

LA ROCHELLE.

Ville et Port de mer de France dans le Pais d'Aunis érigé en évesché par le Pape Innocent X. en 1648. est Suffragant de Bourdeaux, elle est appellée par les anciens Rupella elle fut soumise aux Anglois par le traité de Bretigny contre la volonté de ses habitans mais elle est aussy retourné sous la domination de la France dans le XVI Siecle les habitans furent pervertà par les heretiques, et l'an 1567. ils donnerent leur ville a ceux de ce party ils triomphoient dans la Rochelle ou ils celebrerent plusieurs Synodes et prirent en 1620. le dessein d'y etablir une republique on les batt en 1622. et ils imploverent la misericorde du roy Louis XIII. mais etant retombée dans la révolte ce Prince par les Conseils du Cardinal de Richelieu assiegea cette ville et ayant bridé l'Ocean par une admirable digue qui avoit 747. toises de longueur il obligea les rebelles de se rendre le 29 Octobre 1628. l'avenüe du Port est un bras de mer naturel qui s'acheve dans la ville ou il y a 2 tours bastiés par le Roy Charles V. a ces Tours est attaché une Chaine qui ferme le Port durant la nuit. lorsque on la hausse. l'Espace entre les 2 Tours est de 7 toises et les Vaisseaux de 200 tonneaux y peuvent entrer avec la maree. Il y a Presidial, Cour des monnoies et une Cour souverzine pour les Salines du Ponant.

1. Tour du Farre	3. Tour de S.t Yon	5. Tour S.t Nicolas	7. la grande Eglise	9. Porte S.t Nicolas	11. Reduit du Dognon
2. Tour de la Chaisne	4. Port et Havre	6. Tour des Morilles	8. le Gabus	10. Marais Salans	12. Novelle fortification

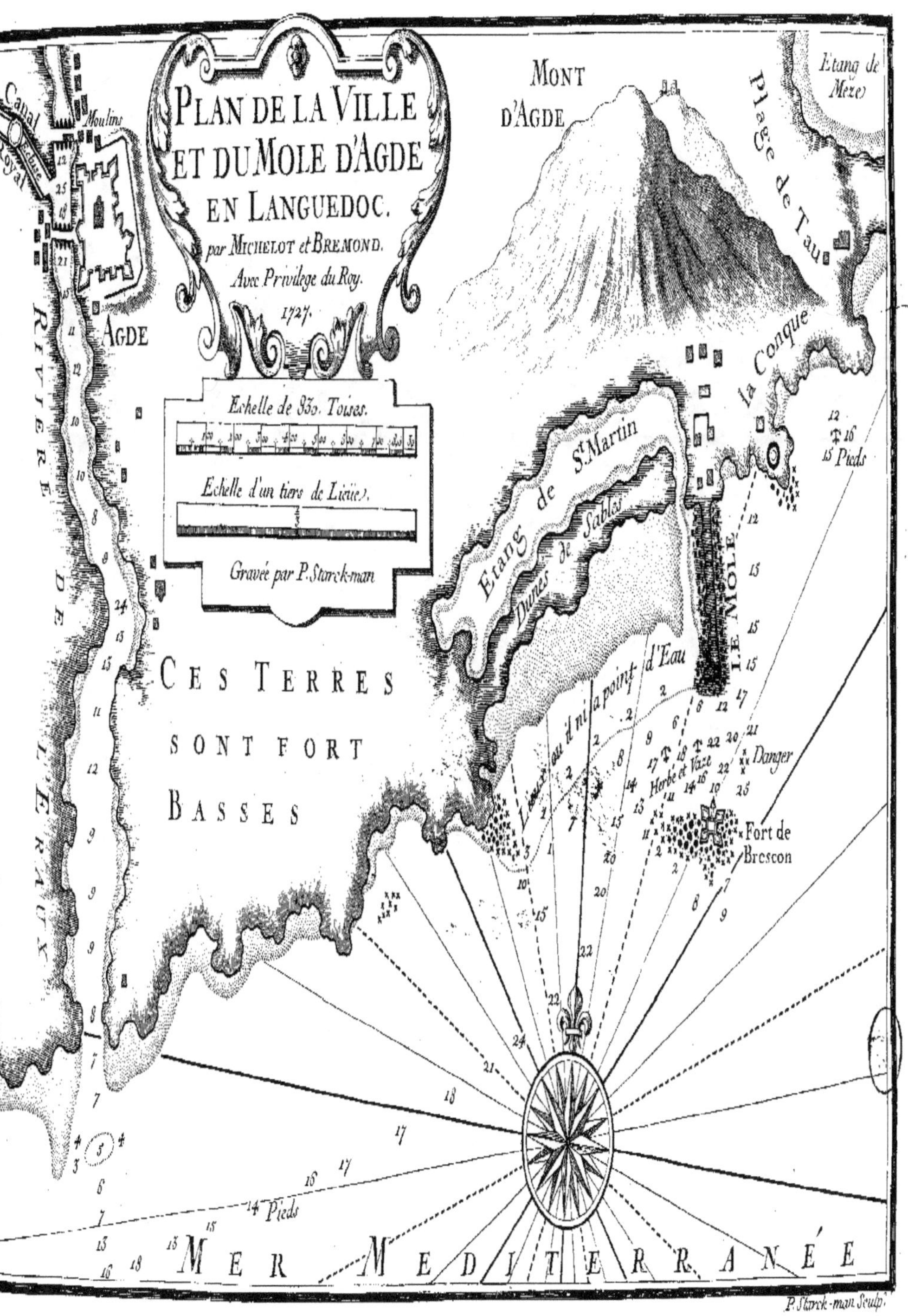

PLAN DE LA VILLE ET DU MOLE D'AGDE EN LANGUEDOC.
par MICHELOT et BREMOND.
Avec Privilege du Roy.
1727.
Echelle de 930. Toises.
Echelle d'un tiers de Lieüe.
Gravée par P. Starck-man
CES TERRES SONT FORT BASSES
Canal Royal
Moulins
Ecluse
AGDE
RIVIERE DE L'ERAUX
MONT D'AGDE
Etang de Meze
Plage de Tau
la Conque
Etang de St Martin
Dunes de Sables
L'eau l'au il ni a point d'Eau
LE MOLE
Herbe et Vaze
Danger
Fort de Brescon
15 Pieds
14 Pieds
MER MEDITERRANÉE
P. Starck-man Sculp.

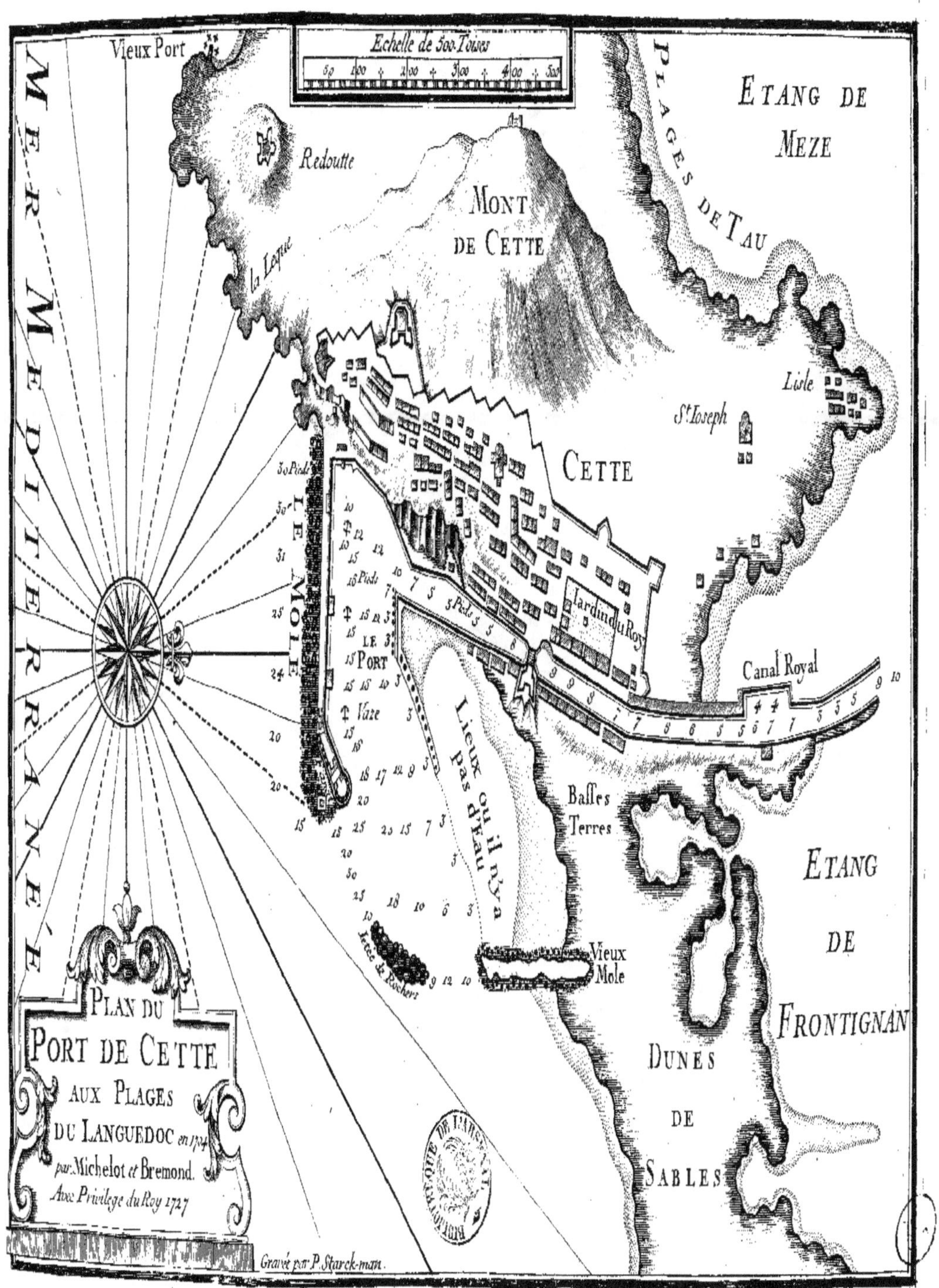

MER MEDITERRANÉE
Vieux Port
Echelle de 500 Toises
50 100 200 300 400 500
ETANG DE MEZE
PLAGES DE TAU
Redoutte
MONT DE CETTE
la Legue
Lisle
St Ioseph
CETTE
LE MOLE
30 Pieds
LE PORT
Vaze
Jardin du Roy
Canal Royal
Lieux ou il n'y a pas d'eau
Jettée de Rochers
Basses Terres
Vieux Mole
ETANG DE FRONTIGNAN
DUNES DE SABLES
PLAN DU PORT DE CETTE AUX PLAGES DU LANGUEDOC en 1724
par Michelot et Bremond.
Avec Privilege du Roy 1727
Gravé par P. Starck-man.

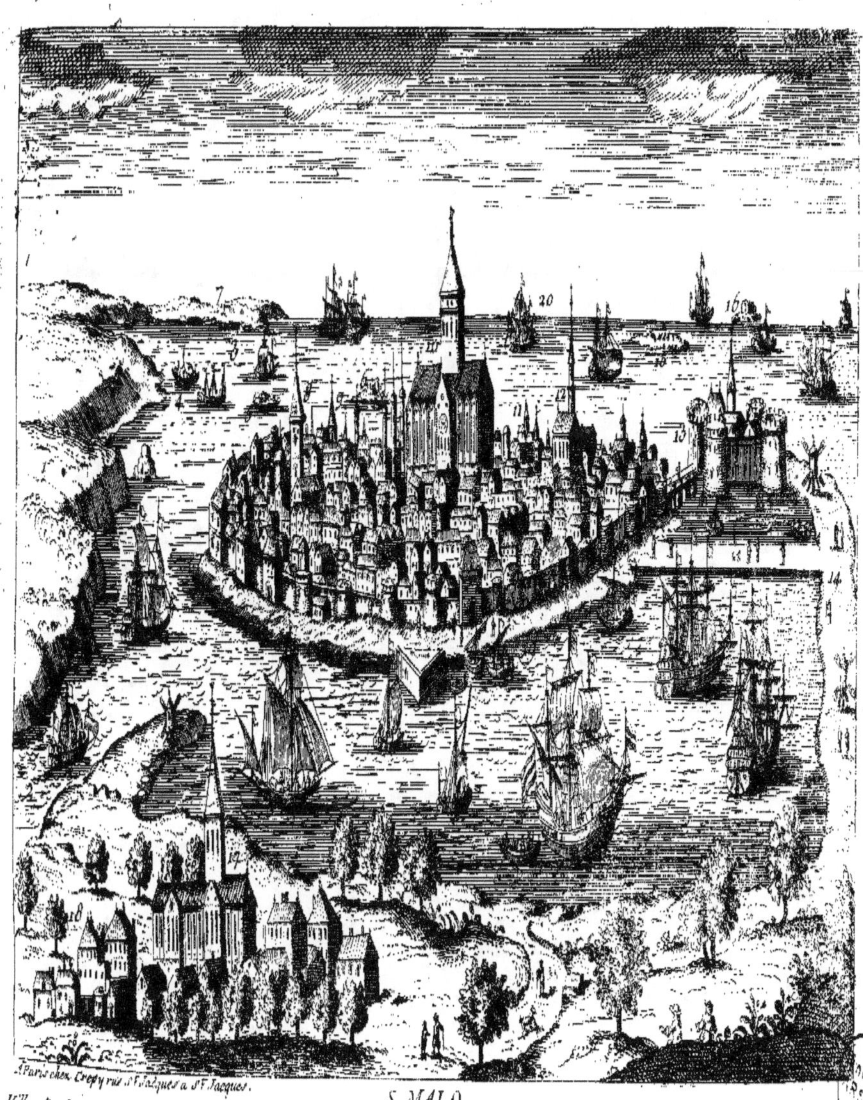

S. MALO.

Ville et Port de mer de France en Bretagne avec Repre che regfragant de Tour. Elle a esté fondée sur les ruines de l'ancienne Alet, la Ville est situee sur un Rocher dans la mer dite l'Isle de St Aron quon ejoint a la terre ferme par le moyen d'une chaussée dont l'entrée est deffendue par un fort Chateau. La Ville est tres importante et par le commerce que l'on y fait de toute part et surtout du costé du nord et parce quz ces une des clefs du Roiaume. le soir en fermant les porte de la Ville on lache 12 gros dogues pour n'estre pas surpris des ennemis, ce qui fait dire que St Malo est garde par des chiens. La Cathedrale dedié a St Vincent est une des plus anciennes du Royaume les Chanoines etoient autrefois Reguliers et ils furent Secularisez par le Pape Jean XXII dans le tems qu'il etoit Orateur en cette Evesque. Jacques Cartier qui a decouvert le Canada etoit de St Malo.

1. La Citté	6. Fort du petit Bé	9. Les Recolusince du Calvaire	13. Le Chateau	17. Servant en terre ferme
2. Rance Riviere	6. Fort du grand Bé	10. St Vincent Cathedrale	14. La Digne	18. Les Capucins
3. La Rade	7. Cezambre Isle	11. Les Recolets	15. Le Port Royal	19. Le Port
4. Fort de l'Isle Herbue	8. St Sauveur	12. St Benoy Communauté Benedictins	16. Le Fort de la Conchée	20. La Louis etc

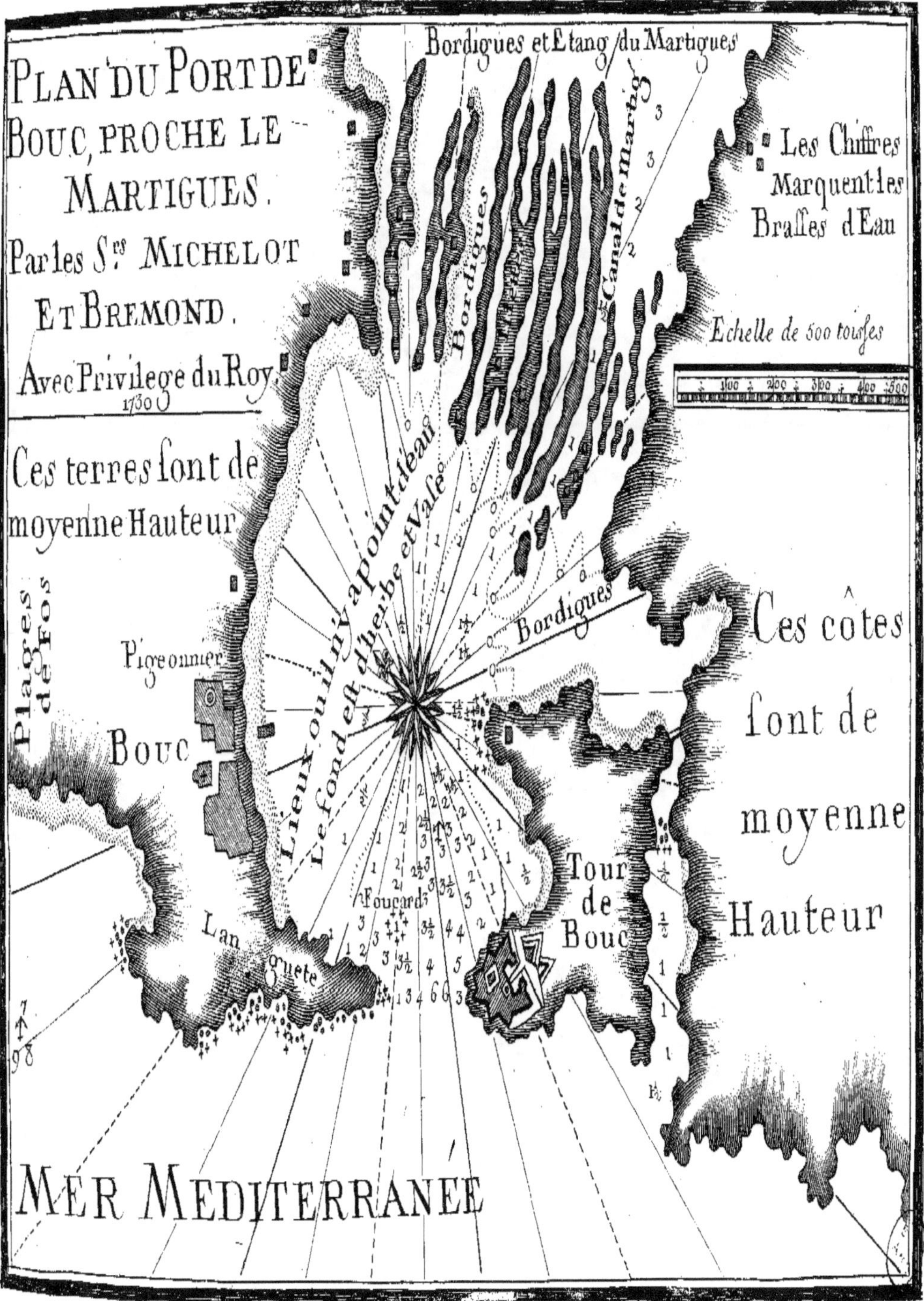

PLAN DU PORT DE BOUC, PROCHE LE MARTIGUES.
Par les Srs MICHELOT ET BREMOND.
Avec Privilege du Roy.
1730
Ces terres font de moyenne Hauteur
Bordigues et Etang du Martigues
Les Chiffres Marquent les Braffes d'Eau
Canal de Martig.
Echelle de 500 toifes
100 200 300 400 500
Bordigues
Plages de Fos
Pigeonnier
Bouc
Lieu ou il n'y a point d'eau
Le fond eft d'herbe et Vafe
Bordigues
Ces côtes font de moyenne Hauteur
Languete
Foucard
Tour de Bouc
MER MEDITERRANÉE

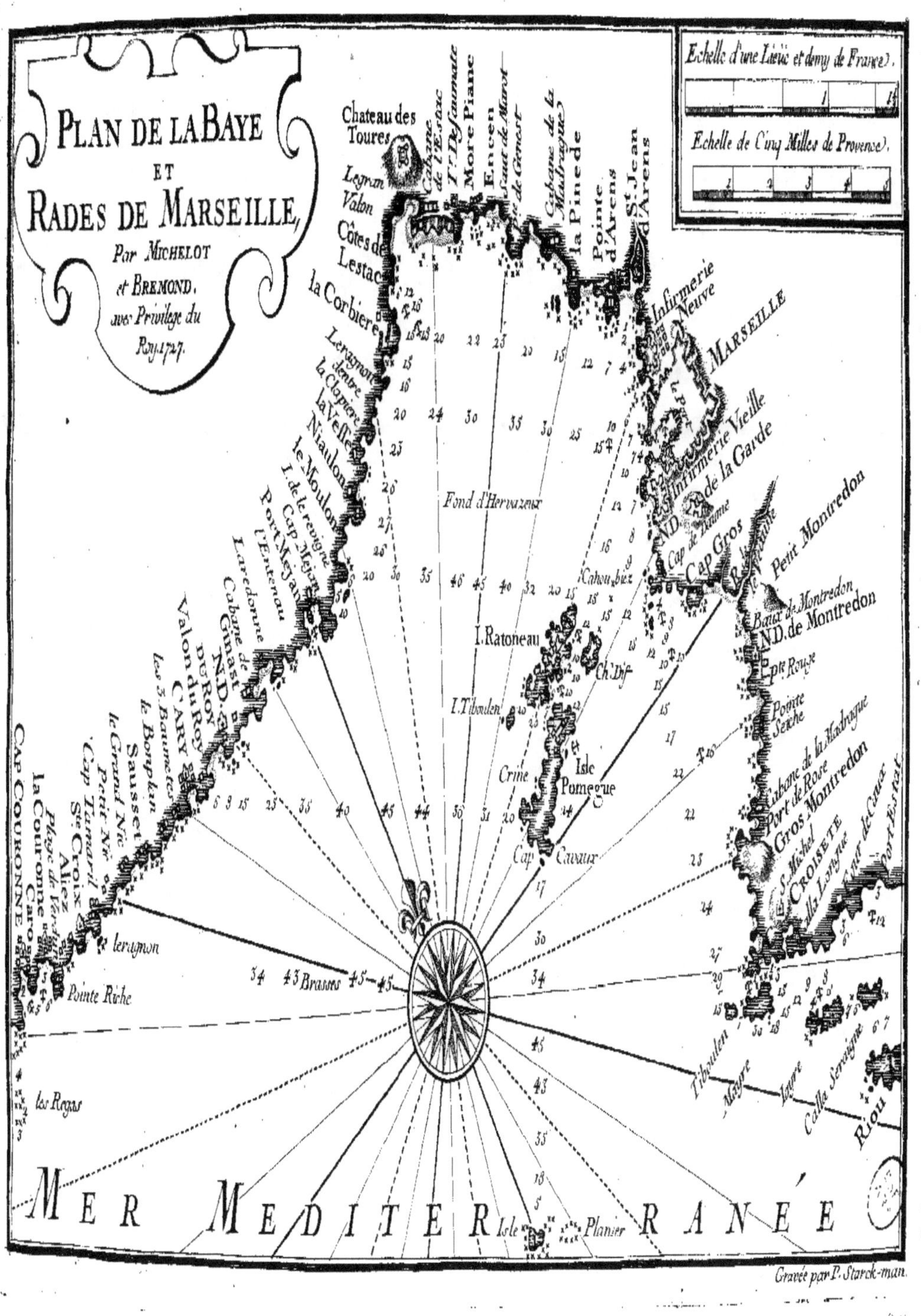

PLAN DE LA BAYE
ET
RADES DE MARSEILLE,
Par MICHELOT
et BREMOND,
avec Privilege du
Roy. 1727.

Echelle d'une Lieüe et demy de France.
Echelle de Cinq Milles de Provence.

Chateau des Toures
Legnm Valon
Côtes de Lestac
la Corbiere
Leragnon dentre la Clapiere
la Veille
Niaulon
le Moulon
I. de le revigne
Cap Mejan
Port Mejan
l'Entenau
Laredonne
Cabane de Gimast
N.D. du Roy
Valon du Roy
CARY
le 3 Baumes
le Bouplan
Sausset
le Grand Nit
Petit Nit
Cap Tamaril
Ste Croix
Aliez
Cap Tamaril
la Couronne
Caro
CAP COURONNE
Plage de Verdon
leragnon
Pointe Riche
les Regas

Cabane de l'Estac
T. D'Esjaunate
More Piane
Encen
Saut de Marot
de Gemot
Cabane de la Madrague
la Pinede
Pointe d'Arens
St Jean d'Arens
Infirmerie Neuve
MARSEILLE
le Port
Infirmerie Vieille
N.D. de la Garde
Cap de Rame
Cap Gros
Cahousbiez
Petit Montredon
Batat de Montredon
N.D. de Montredon
Pte Rouge
Pointe Sexbe
Cabane de la Madrague
Port de Roce
Gros Montredon
S. Michel
CROISETE
Alta Longua
Port Estal

Fond d'Hervazeur
I. Ratoneau
Ch. Dif
I. Tiboulen
Crine
Isle Pomegue
Cap Cavaur

Brasses

Tiboulen
Megre
Vegre
Calla Serveigne
R. ou

MER MEDITERRANÉE
Isle
Planier

Gravée par P. Starck-man.

SEVILLE.

Sur la Gualdalquivir Ville d'Espagne Capital de l'Andalousie avec Archevesché appellé par les Anciens Ispalis. Elle est tres ancienne, la plus grande d'Espagne apres Madrid et une des plus riche et des plus marchand de l'Europe. Les Maures la prirent avec le reste du pais en 713. en 1248. Ferdinano III. Roy de Leon et de Castille la leur enleva. La forme de Seville est presque ronde elle renferme divers magnifique Pallaillais, de belles Eglises et de grandes Places qui ont chacune des Fontaines dont les eaux sont apporté par une Acqueduc de 5. ou 6. lieux de la Ville. L'Eglise Metropolitaine a 160 pas de long et 200. de large et un Clocher tres haut ou l'on compte 24. grosses Cloches. Il y a en core a Seville Université, Inquisition; on y bat Monnoye et est une des deux villes d'Espagne ou l'on fabrique des Especes d'Or et d'Argent.

1. la Riviere de Gualdalquivir.	4. Faubourg de Triana.	7. les Carmes.	10. N. D. Cathedrale	13. l'Acaçur
2. la Ste Inquisition.	5. Porte de Triana.	8. St Paul.	11. l'Aqueduc de Carmona.	14. Tour de l'Argent
3. la Maison de Colon.	6. St Laurent.	9. les Jesuites.	12. Palais du Roy.	15. Tour de l'Or
				16. Porte de l'Arcenal.

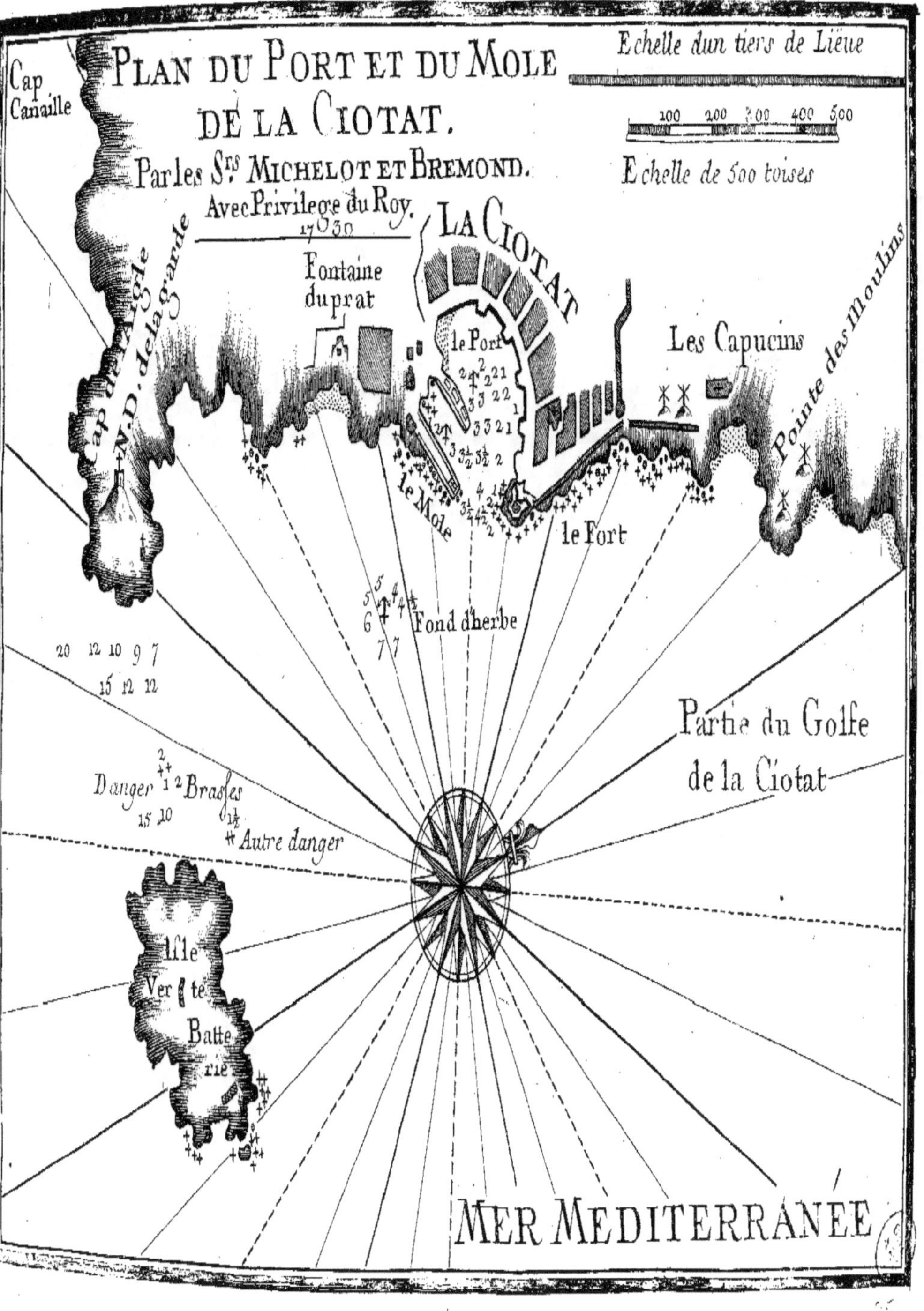

Cap Canaille
Echelle dun tiers de Lieüe
100 200 300 400 500
Echelle de 500 toises
PLAN DU PORT ET DU MOLE DE LA CIOTAT.
Parles Srs MICHELOT ET BREMOND.
Avec Privilege du Roy.
1730
LA CIOTAT
Fontaine duprat
Cap d'en Aigle
N.D. de la garde
le Port
Les Capucins
Pointe des moulins
le Mole
le Fort
Fond d'herbe
Partie du Golfe de la Ciotat
Danger
Brasses
Autre danger
Isle Verte
Batterie
MER MEDITERRANÉE

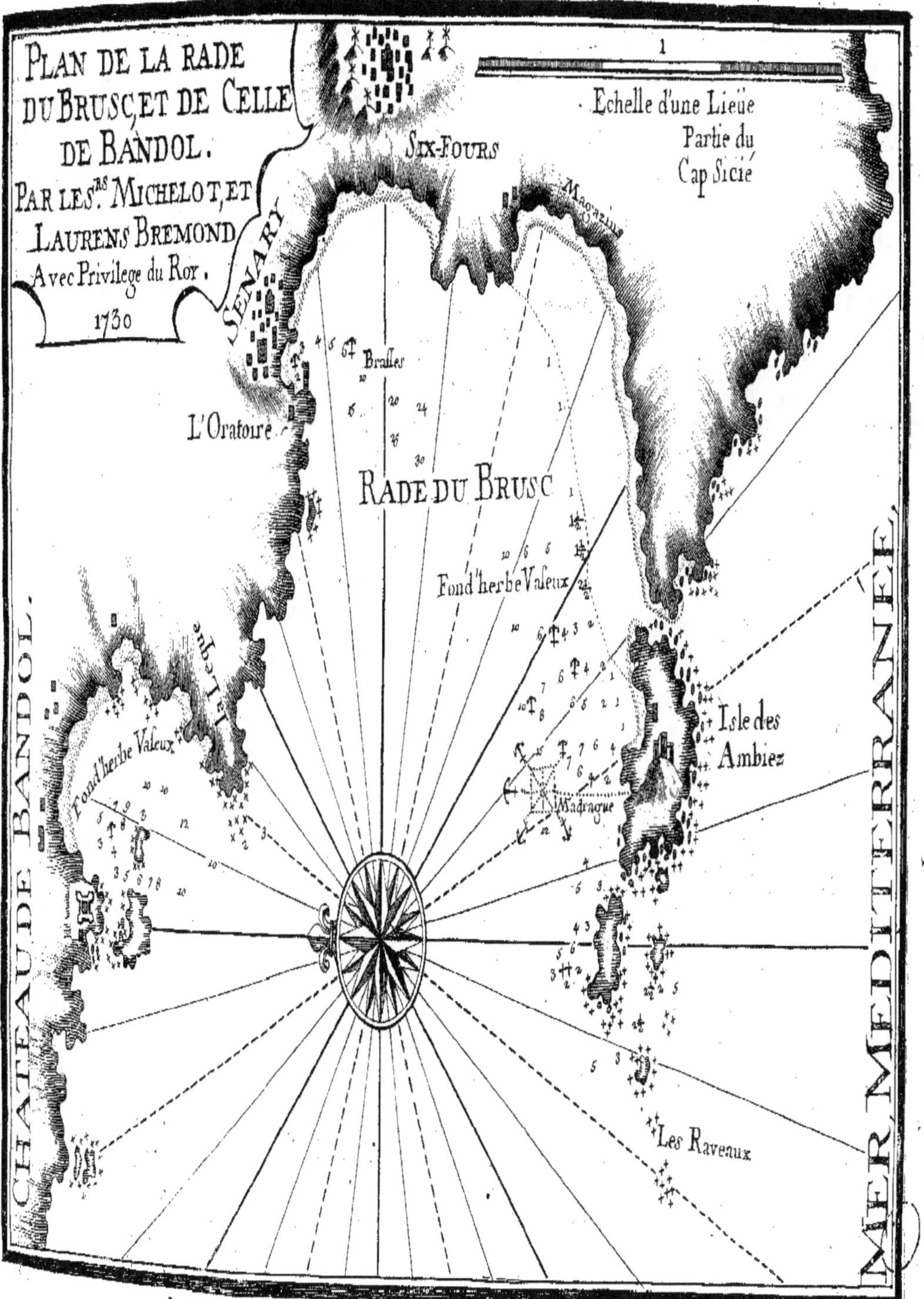

PLAN DE LA RADE DU BRUSC, ET DE CELLE DE BANDOL.
PAR LES S.RS MICHELOT, ET LAURENS BREMOND
Avec Privilege du Roy.
1730
SIX-FOURS
Echelle d'une Lieüe
Partie du Cap Sicié
Magazin
SENARY
L'Oratoire
Brasses
RADE DU BRUSC
Fond'herbe Valeux
CHATEAU DE BANDOL.
Fond'herbe Valeux
La Leque
Fond'herbe Valeux
Isle des Ambiez
Madrague
Les Raveaux
MER MEDITERRANEE.

A Paris chez Crepy rue St Jacques.

TOULON

Ville de France en Provence sur la mer Mediterranée avec un tres beau Port et Evesché suffragant d'Arles, son nom latin est Tolanum. Il est dif-ficile de bien nager en Toulon est un ouvrage de Telo Martius qui y conduisit une Colonie Romaine ou si ce nom est tiré de Tolon celebre Nautonier dont parle Lucain dans sa Pharsale ou en liv. ... Capitaine ... separa cette ville sous Theodoric Roy d'Italie. Cette ville est neanmoins tres ancienne sa situation, son port, son negoce et ses richesses la rendent une des plus belles de Provence. Henry IV. la fortifia de belles murailles; et y fit elever deux grands moles chacun de 700 pas qui envelopent quasi le Port. Le principal Arsenal de mer est en cette ville ou il y a de belles maisons et divers Eglises, la cathedrale conserve grand nombres de Reliques le plus ancien Prelat est St Honoré et il en est fait mention dans l'Epitre de St Leon aux Evesques des Gaules il eut pour successeur St Cyprien

1. La Ville de Toulon
2. St Lazare Cathedrale
3. les Minimes
4. l'Arsenal
5. Bassin des Vaisseaux du Roy
6. Bassin des Navires Marchandes
7. Moulin a Poudre
8. La Grande Tour
9. Tour de Balaguier
10. Fort St Louis ou des Vignettes
11. Hospital St Louis
12. Chasteau Ste Marguerite
13. Petite Rade
14. Grande Rade
15. Chasteau de Micisi
16. la Seyne Bourg

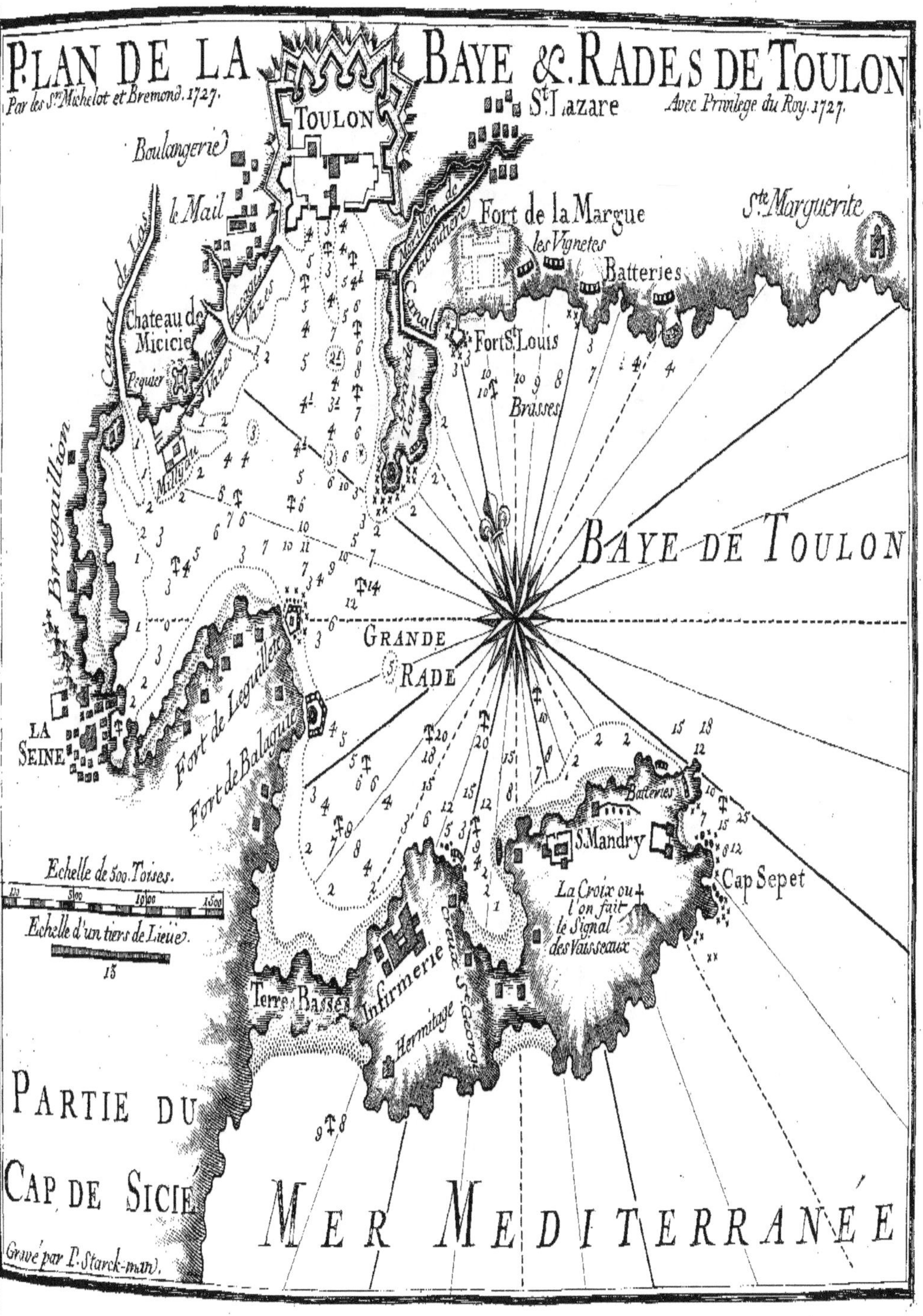

PLAN DE LA BAYE & RADES DE TOULON
Par les Sr Michelot et Bremond. 1727.
Avec Privilege du Roy. 1727.
TOULON
St Lazare
Ste Marguerite
Boulangerie
le Mail
Fort de la Margue
les Vignetes
Batteries
Canal de Las
Chateau de Micicie
Pequier
Fort St Louis
Brusses
Brugaillan
Millyau
BAYE DE TOULON
LA SEINE
Fort de Legrillette
Fort de Balaguie
GRANDE
RADE
Batteries
S. Mandry
Cap Sepet
La Croix ou
l'on fait
le Signal
des Vaisseaux
Echelle de 500. Toises.
Echelle d'un tiers de Lieue.
Terre Basses
Infirmerie
Hermitage
Canal Ste George
PARTIE DU
CAP DE SICIE
MER MEDITERRANÉE
Gravé par P. Starck-man.

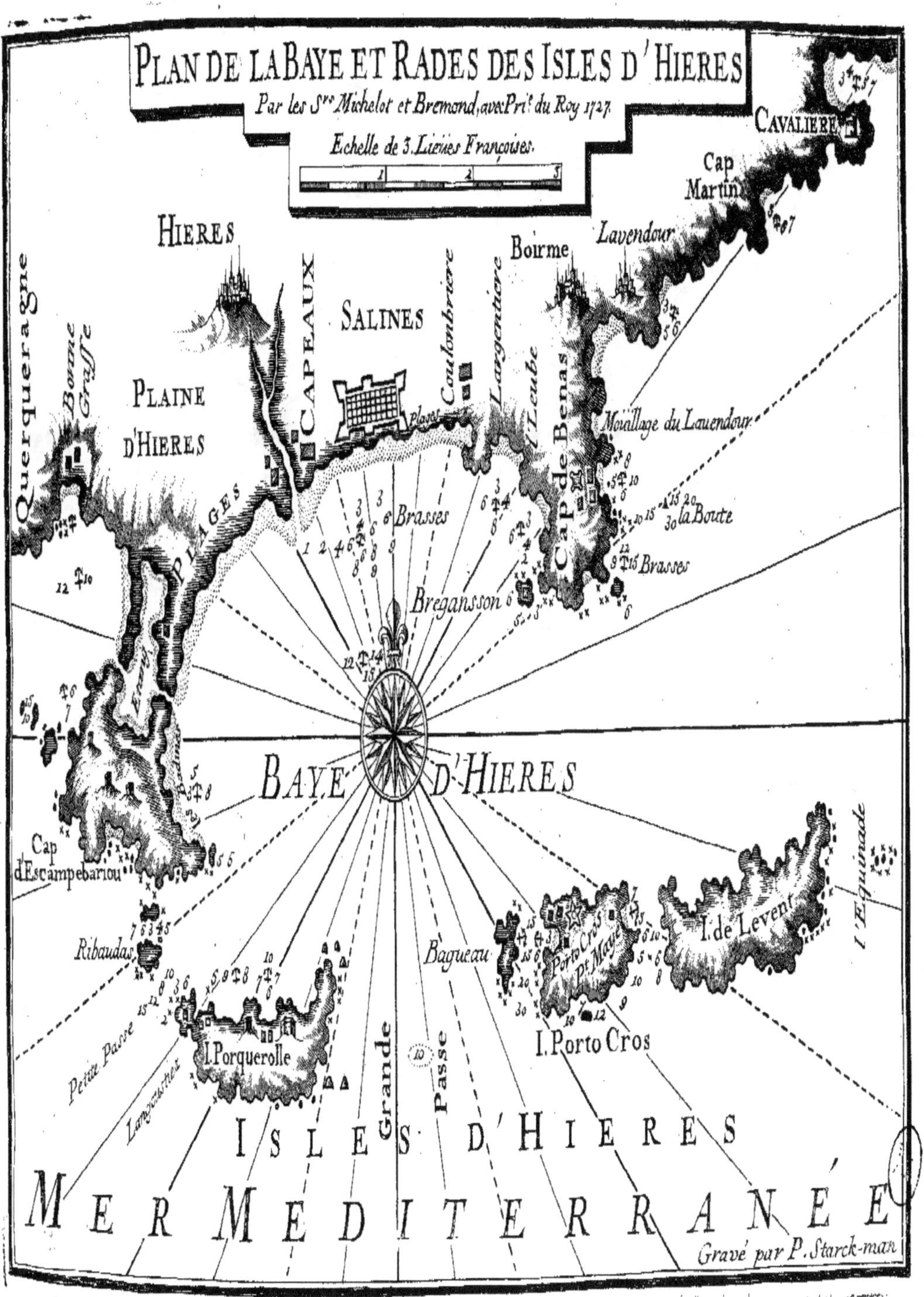

PLAN DE LA BAYE ET RADES DES ISLES D'HIERES
Par les Srs Michelot et Bremond, avec Prit du Roy 1727.
Echelle de 3 Lieues Françoises.
CAVALIERE
Cap Martin
Lavendour
Boirme
HIERES
CAPEAUX
SALINES
Coulombriere
Largentiove
Boune Graffe
Querqueragne
PLAINE D'HIERES
Moüillage du Lauendour
Plage
l'Heube
Cap de Benas
Brasses
la Boute
Bregansson
Brasses
PLAGES
Baye d'Hieres
Cap d'Escampebariou
l'Eguinade
I. de Levent
Porto Cros
Pt Magie
Ribaudas
Bagueau
I. Porto Cros
Petite Passe
Langoustier
I. Porquerolle
Grande
Passe
ISLES D'HIERES
MER MEDITERRANÉE
Gravé par P. Starck-man

A Paris chez Crepy rue St Jacques

STRASBOURG

Ville Capitalle d'Alsace et Evesché suffragant de Mayence une des plus grandes des plus belles et des plus fortes d'allemagne situe a un quart de lieue du Rhin au milieu d'une grande campagne ou elle recoit les Rivieres d'Ill, et de Breuche et fait la separation de la Vielle Ville par les anciens fossee qui servent de canal, l'Eglise Cathedrale de notre Dame est digne d'admiration par sa magnificence sa grandeur ses d'airain sa tour en piramide d'un ouvrage tout a jour et haute de 574. pieds on y admire en core l'Horloge merveilleuse pour la quantité de Roües et de Machine qui font mouvoir toutes les constellations et tourner des cadrans les heurs du jou. le cour de la Lune et des autres planette cet ville s'est gouverné en Republique le Senat y fonda en 1638. une Université elle a recut les erreurs de Luther mais de puis quelle est soumise au Roy de France. elle est rentré dans le sein de l'Eglise Romaine.

1. la Citadelle.
2. St Claude avec eaux.
3. St Guillaume.
4. les Penitentes.
5. le Dome Cathedrale.
6. St Nicolas.
7. le College ou l'Université.
8. la Tour aux deniers.
9. les Jacobins.
10. St Thomas.
11. l'Hopital.
12. St Pierre le Vieux.
13. Porte de Crannenbourg.
14. Porte des Pescheurs.
15. la Riviere d'Ill.
16. Maison les Tireurs.

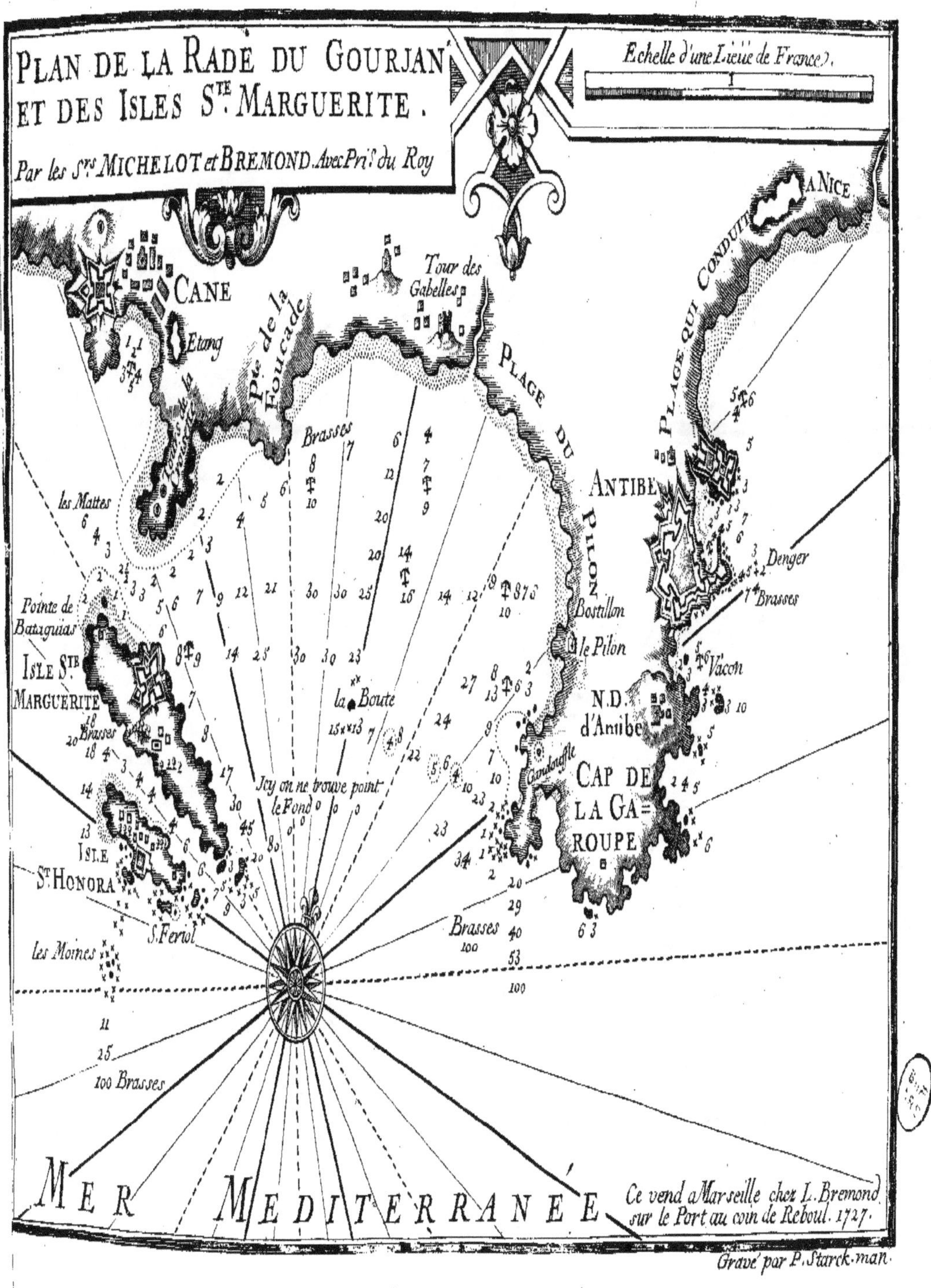
PLAN DE LA RADE DU GOURJAN
ET DES ISLES Ste MARGUERITE.
Par les Srs MICHELOT et BREMOND. Avec Prise du Roy
Echelle d'une Lieüe de France.
CANE
Etang
Pte de la Foucade
Tour des Gabelles
PLAGE DU PILON
PLAGE QUI CONDUIT A NICE
ANTIBE
les Mattes
Pointe de Batiguias
ISLE Ste MARGUERITE
Brasses
ISLE St HONORA
St Feriol
les Moines
la Boute
Jcy on ne trouve point le Fond
Brasses
Bostillon
le Pilon
Denger
Brasses
Vacon
N.D. d'Antibe
CAP DE LA GA= ROUPE
Candouaste
MER MEDITERRANÉE
Ce vend a Marseille chez L. Bremond
sur le Port au coin de Reboul. 1727.
Gravé par P. Starck. man.

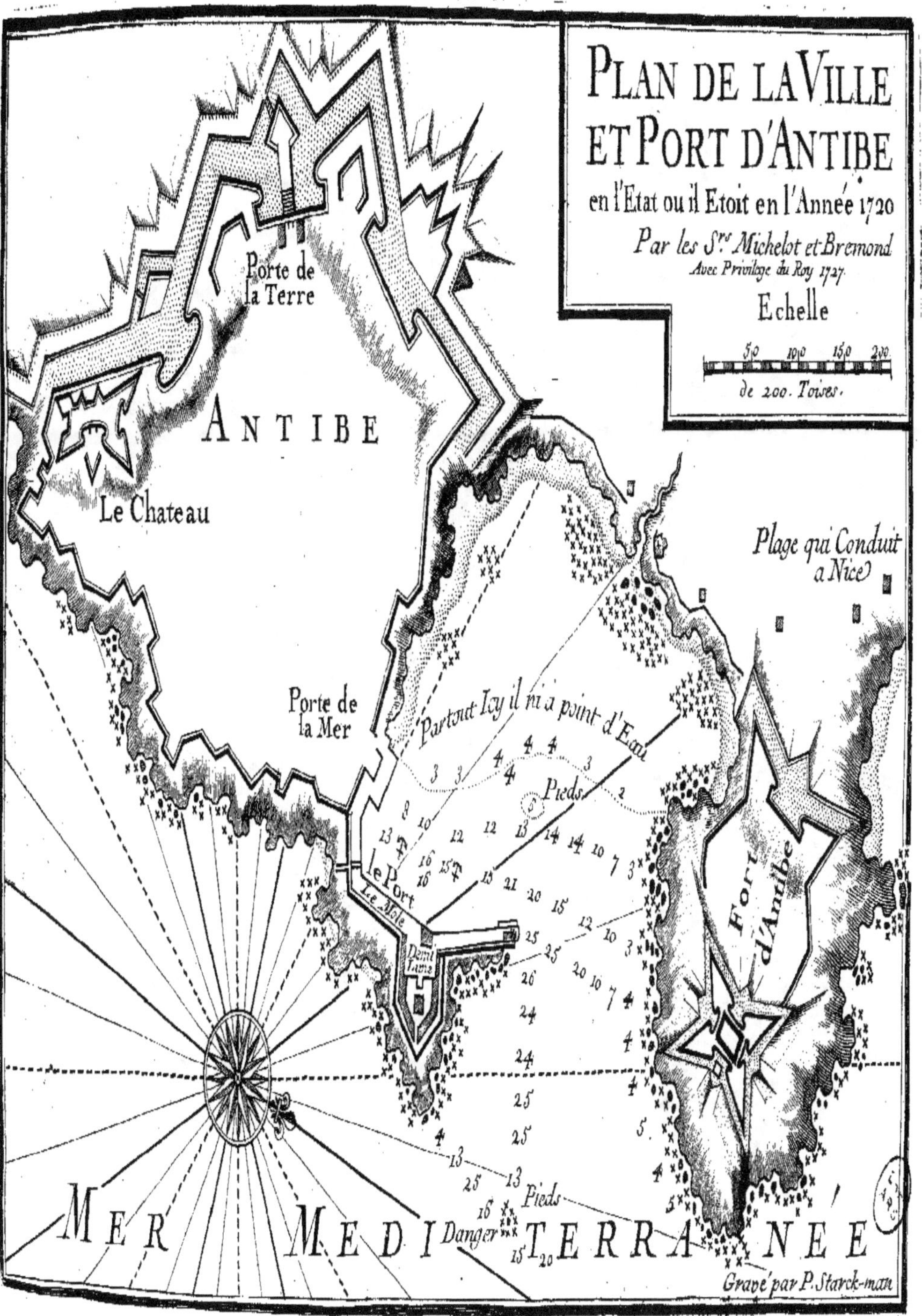

PLAN DE LA VILLE
ET PORT D'ANTIBE
en l'Etat ou il Etoit en l'Année 1720
Par les S.rs Michelot et Bremond
Avec Privilege du Roy 1727.
Echelle
50   100   150   200
de 200. Toises.
Porte de
la Terre
ANTIBE
Le Chateau
Plage qui Conduit
a Nice
Porte de
la Mer
Partout Icy il n'i a point d'Eau
Pieds
le Port
Le Mole
Demi
Lune
Fort d'Antibe
Danger
Pieds
MER MEDITERRANEE
Gravé par P. Starck-man

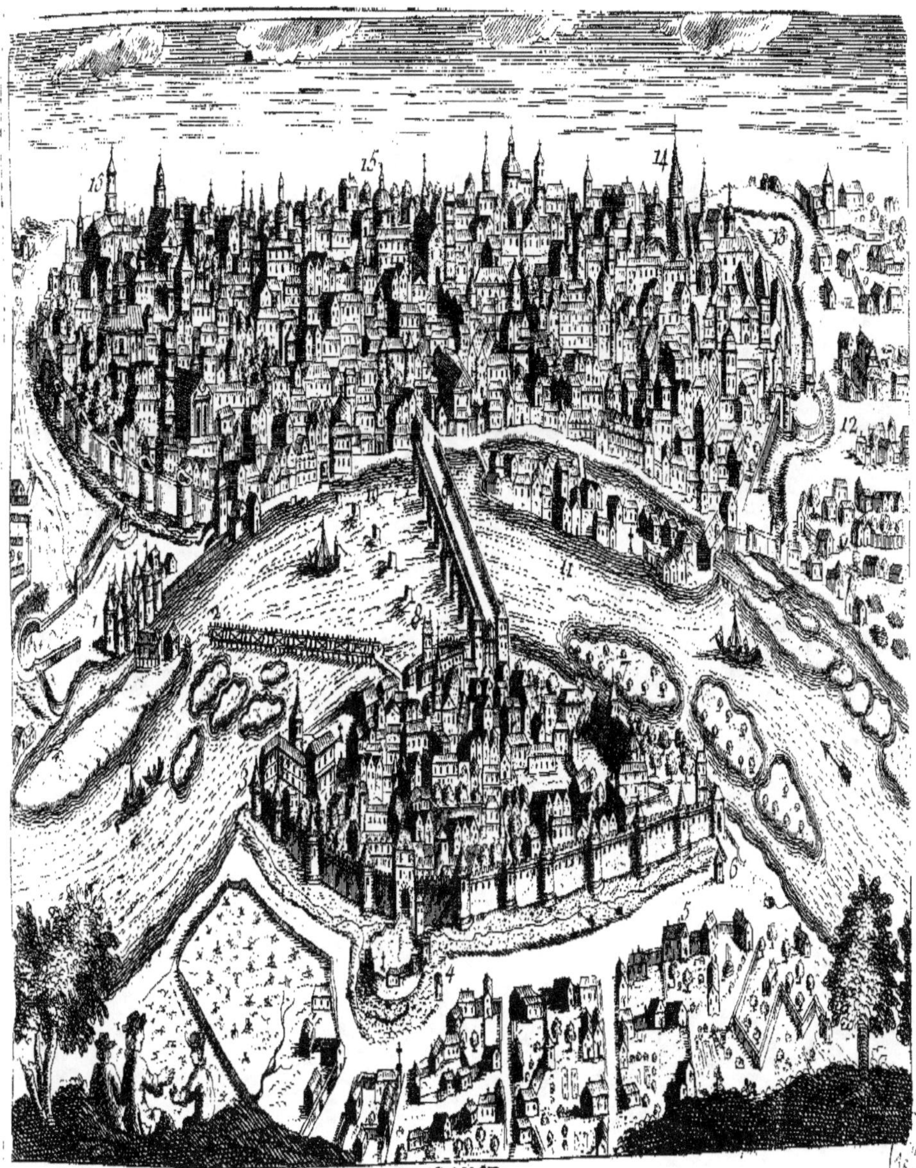

TOULOUSE

Capital de la Province du Languedoc Ville anciéne et Colonies des Romäins. lan 608. de la fondation de Rome le consul cepió lay ant pris enteva du Temple d'apollon un tresor considerable appellé comunemät l'or de Tolose depuis elle futsoumise aux gots aqui le Roy Clovis la prit elle estoit anciene me t gouverne par 24 capitouls qui ont ete reduita 8. en 1401. le roy Jean la reunit ala corône en 1361. elle futerigé en archevesché en 1317. les eglises isont magnifique les cemetiers des Cordeliers est renomee pour couserver les corps incoruptibles et l'eglise des jacobins pour avoir celui de St thomas d'aquin. il y a une universite et un parlement etabli par Charle 7. la maison de ville estfortmagnifique on luy done tenom de capitol et les Echevins celuy de capitons.

1. Chateau du Rozade.	4. Porte Dule.	7. les Perallamines	13. le Palais
2. le Palis	5. Fauxbourg St Cyprien.	8. Hospital St Jacques.	14. St Estienne. Cathedrale.
3. Hospital de la Grave.	6. Porte de Marcel	9. le Pontneuf.	15. les Jesuittes
		10. la Daurade Abbeye.	16. St Servin Abbeye.
		11. l'Isle de Tounis.	
		12. Porte du Chatiau.	

A Paris chez Crépy rue St Jacques a lange gardien.

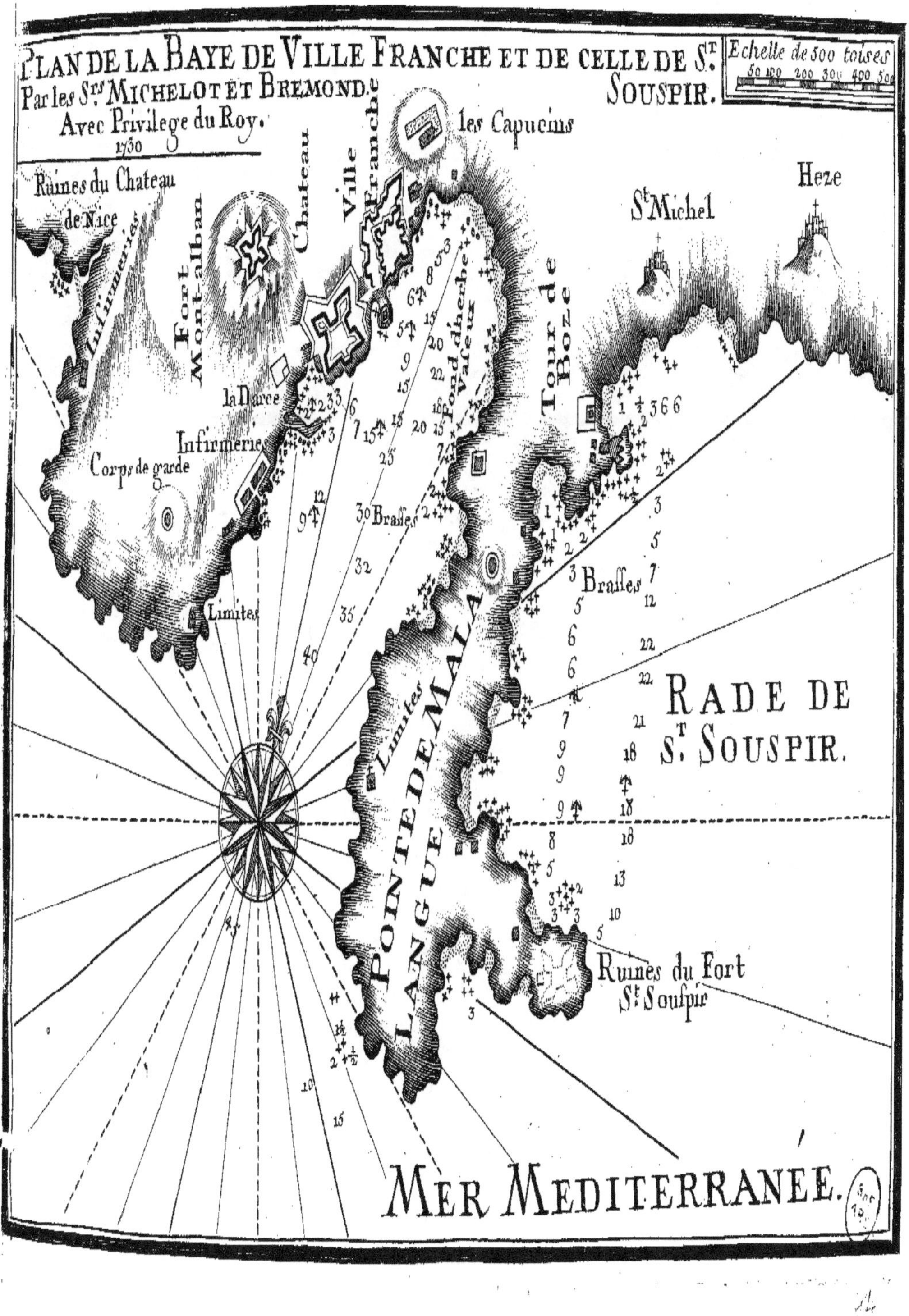

PLAN DE LA BAYE DE VILLE FRANCHE ET DE CELLE DE St. SOUSPIR.
Par les Srs. MICHELOT ET BREMOND.
Avec Privilege du Roy.
1730
Echelle de 500 toises
50 100 200 300 400 500
Ruines du Chateau de Nice
Infirmeries
Fort Montalban
Chateau
Ville
Franche
les Capucins
St. Michel
Heze
la Darce
Infirmerie
Corps de garde
Limites
Tour de Boze
fond d'herbe vazeuz
Brasses
Limites
POINTE DE MALA
LANGUE
RADE DE St. SOUSPIR.
Brasses
Ruines du Fort St. Souspir
MER MEDITERRANEE.

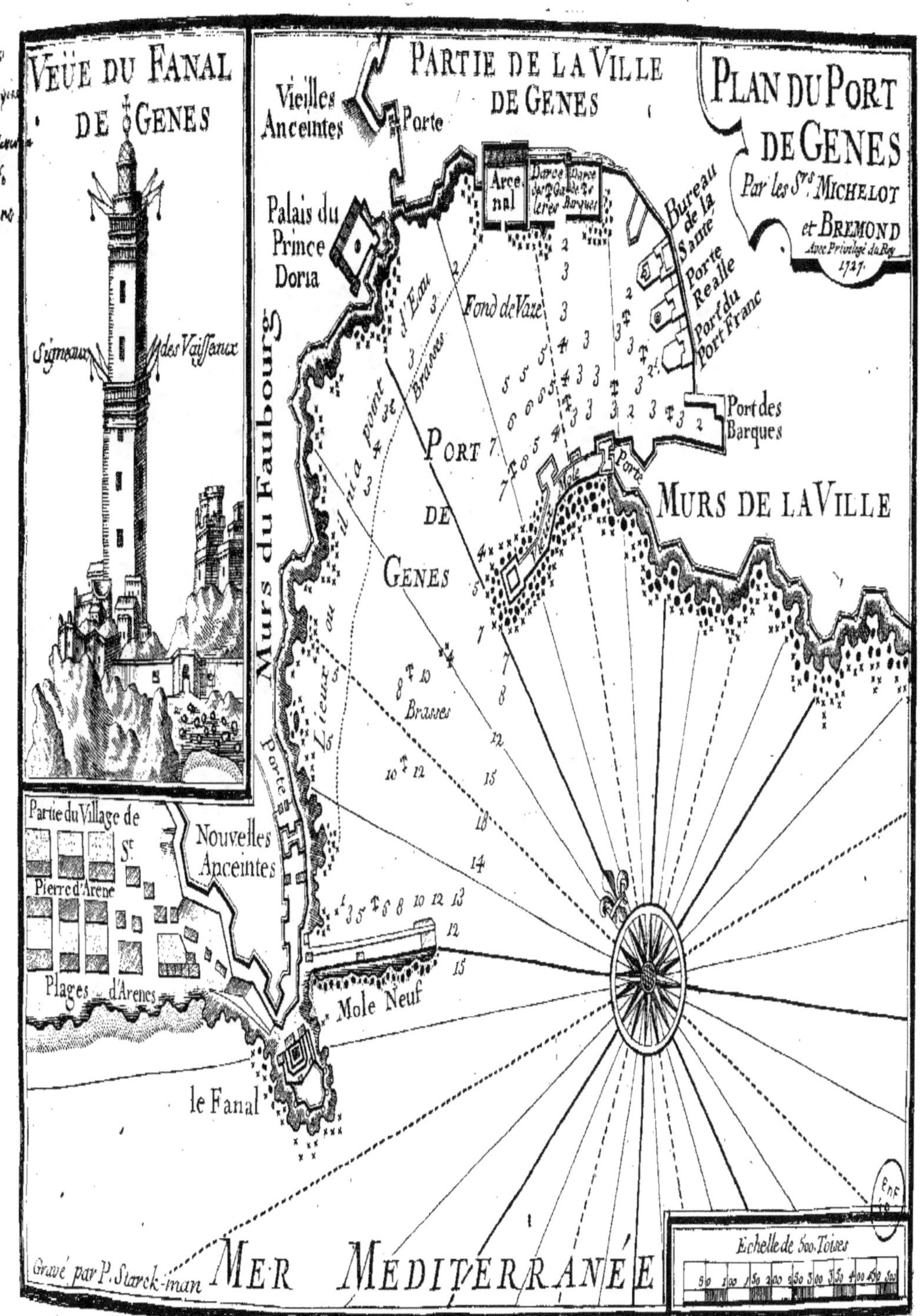
VEÜE DU FANAL DE GENES
PARTIE DE LA VILLE DE GENES
PLAN DU PORT DE GENES
Par les Srs MICHELOT et BREMOND
Avec Privilege du Roy
1727.
Vieilles Anceintes
Porte
Signeaux
des Vaisseaux
Palais du Prince Doria
Murs du Faubourg
l'Eau
Bresores
Fond de Vaze
Arcenal
Darce des Galeres
Darce des Barques
Bureau de la Sante
Porte Realle
Port du Port Franc
Port des Barques
PORT DE GENES
Mole
Porte
MURS DE LA VILLE
il n'a point
Lieux ou
Porte
Brasses
Partie du Village de St Pierre d'Arene
Nouvelles Anceintes
Plages d'Arenes
Mole Neuf
le Fanal
MER MEDITERRANÉE
Gravé par P. Starck-man
Echelle de 500 Toises
50 100 150 200 250 300 350 400 450 500

TRIPOLI.

En Barbarie est une grande Ville Capitale du Royaume de ce nom et la retraite des Pirates le S.r Sanson estime qu'el est l'ancienne Oea. quoi qu'il en soit elle est tres riche et grande. Elle a ete autrefois prise par les Espagnols et donné aux Chevaliers de Malthe mais elle leur fut en levé par les Turcs qui en ont eté longtems les maitres aujourd'huy Tripoli se rend republique sous la protection du grand Seigneur l'Etat est assés grand entre la mer entre le Royaume de Tunis qu'il a au couchant mais il y a tres peu de Villes.

1. le fort Anglois	4. Porte de la marine	7. l'Etuve de la vue	10. la petite Mosquée
2. le Chasteau	5. Mol du Mandari	8. la grande Mosquée	11. fort du Mandry
3. bastion de la mer	6. Mosquée de Gerbis	9. le Son dragon	12. fort dragon
13. fort Taby			
14. fort des Juifs			
15. porte del mar			
16. Mer Mediterranée			

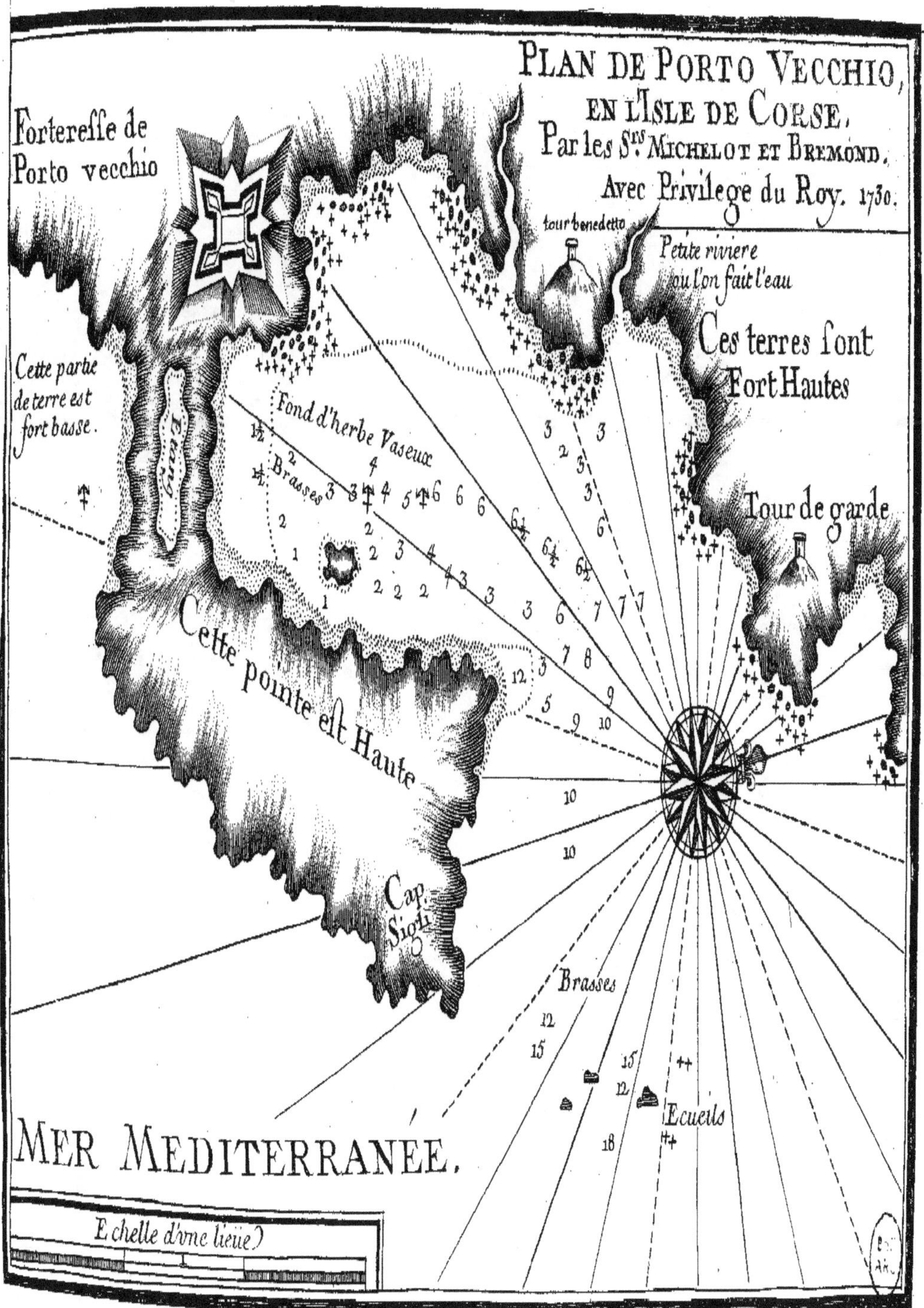

Forterefse de Porto vecchio
PLAN DE PORTO VECCHIO, EN L'ISLE DE CORSE.
Par les Srs. MICHELOT ET BREMOND.
Avec Privilege du Roy. 1730.
tour benedetto
Petite riviere ou l'on fait l'eau
Ces terres font Fort Hautes
Cette partie de terre est fort basse.
Etang
Fond d'herbe Vaseux
Brasses
Tour de garde
Cette pointe est Haute
Cap. Sioli
Brasses
Ecueils
MER MEDITERRANEE.
Echelle d'vne lieue

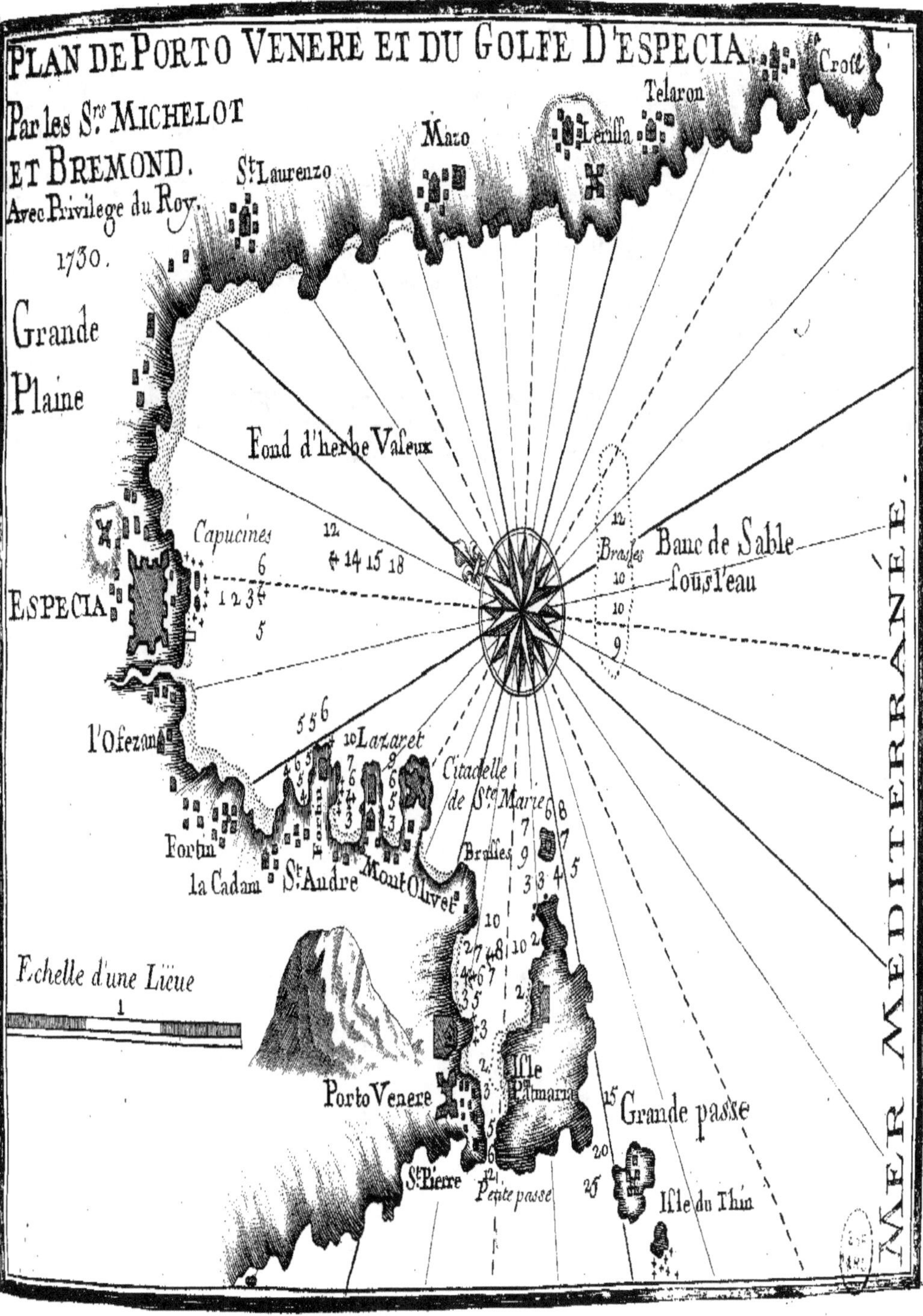

PLAN DE PORTO VENERE ET DU GOLFE D'ESPECIA.
Par les Srs. MICHELOT ET BREMOND.
Avec Privilege du Roy.
1730.
Grande Plaine
ESPECIA
l'Ofezan
Capucines
Fond d'herbe Valeux
Crote
Telaron
Lerissa
Mazo
St Laurenzo
Banc de Sable sous l'eau
Brasses
Fortin
la Cadam
St Andre
Mont Olivet
Lazaret
Citadelle de Sta Marie
Brasses
Porto Venere
Isle Palmaria
St Pierre
Petite passe
Grande passe
Isle du Thin
Echelle d'une Lieue
MER MEDITERRANÉE.

Porto venere est bon pour les gros batimens et galeres: les petits batimens entrent par la petite passe oubouez delou
les gros batimens passent hors de l'isle et gagnent l'est. on mouille facilement à l'olivet, le fond est bon et se tient..
les traversiers sont le sud et sudouest.

En dedans du tin de porto venere on peut mouiller en fond net.

Lors qu'on est contraint de passer entre le tin et l'isle de Palmaria, il n'y a rien à craindre, un batiment de
100 canons y passeroit. Lors qu'on veut faire de l'eau, il faut aller au nord proche une eglise appellée sta
veneria, il y a une bonne fontaine.

Le golfe de la spetia est excellent, il renferme plusieurs bons ports. sabouche a presque deux lieües
d'ouverture.

Le p.r port est la calanque de la castagna. le 2.e la calanque de Brignano, le 3.e est la calanque du
Monastere de notre dame des Graces porto venere en est à 2 mille.

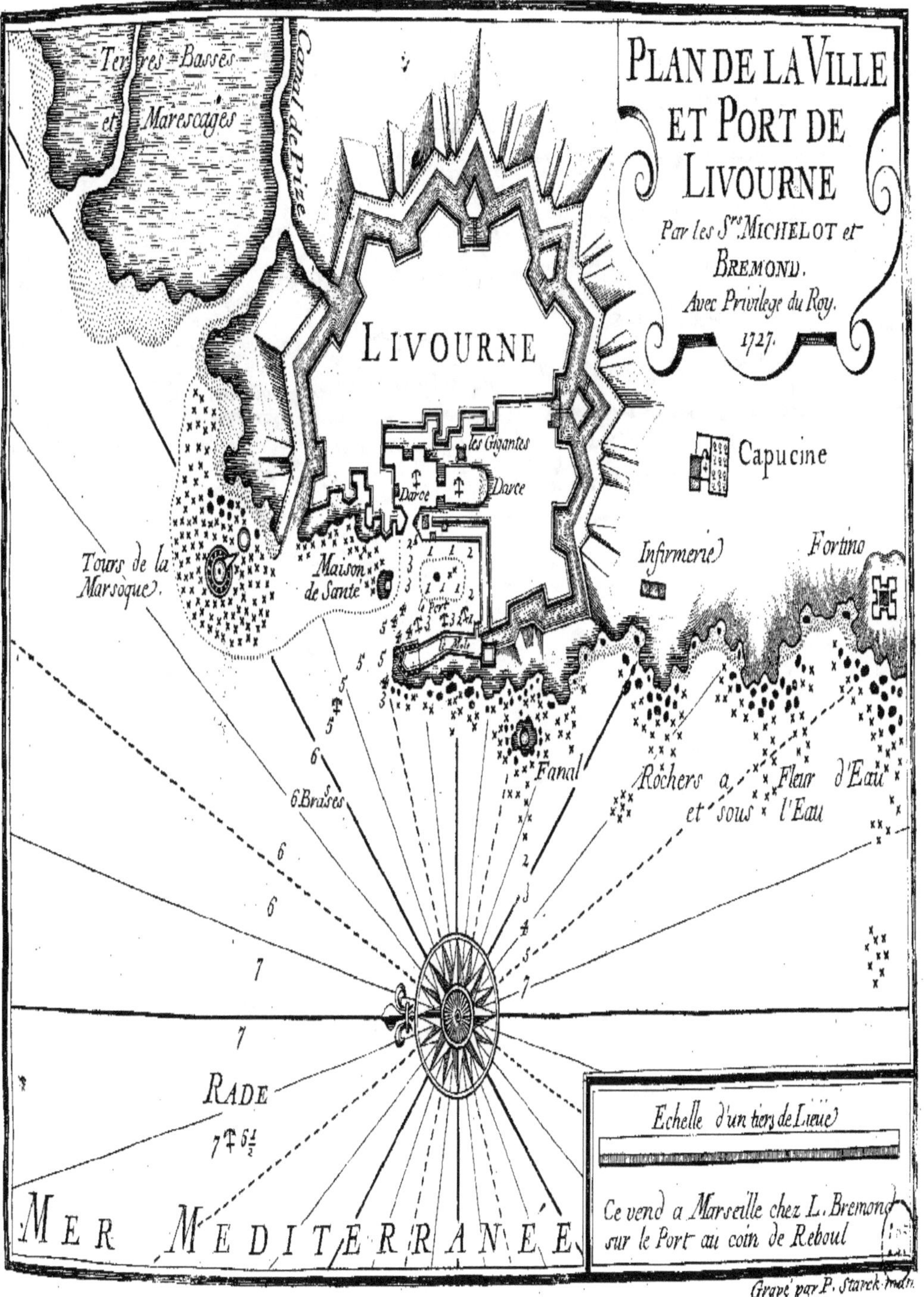

Terres Basses et Marescages
Canal de Pize
LIVOURNE
PLAN DE LA VILLE ET PORT DE LIVOURNE
Par les Srs. MICHELOT et BREMOND.
Avec Privilege du Roy.
1727.
Capucine
les Gigantes
Darce
Darce
Infirmerie
Fortino
Tours de la Marsoque.
Maison de Sante
le Port
Mole
Fanal
Rochers a Fleur d'Eau et sous l'Eau
6.Brases
RADE
Echelle d'un tiers de Lieue
Ce vend a Marseille chez L. Bremond sur le Port au coin de Reboul
MER MEDITERRANÉE
Gravé par P. Starck. mdr.

Livourne est à 50. mille du Golfe de la Spetia. pour y Entrer il faut laisser la Malore à Basbord parce qu[e]
de gros batimens ne peuvent passer entre la terre et le Rocher, il faut avoir attention à la seche qui est au tou[t]
et s'en éloigner de la longueur d'un cable, il est vrai que cette seche court ſudest et nordouest et sudest -

En cas de nuit prenés garde qu'il y a des Bancs de sable qui trompent, il y paroit plus ou moins, de fond, il
faut que le fanal de Livourne vous reste par le nordest: allés toujours dessus, il n'y a rien a craindre

En cas qu'on se trouve à la Gorgone avec un mauvais temps et qu'on veuille aller à Livourne, il faut
mettre le cap au nordest sans crainte de la Malore parce que le fanal et la Gorgone sont nordest et sudouest.

On aterre fort bien en Entrant par le sudouest: les traversiers de Livourne sont le sud et le sudouest, i[l]
y a deux daviers pour les Galeres, si elles ne veulent pas y Entrer, elles peuvent mouiller à la tour de la Marso[que]

En dehors du fanal de la longueur d'un cable, il y a une grande seche et au sud ouest d.t fanal à la distance
d'un mille il y a une autre grande seche, elle reste droit à la pointe St Jacques.

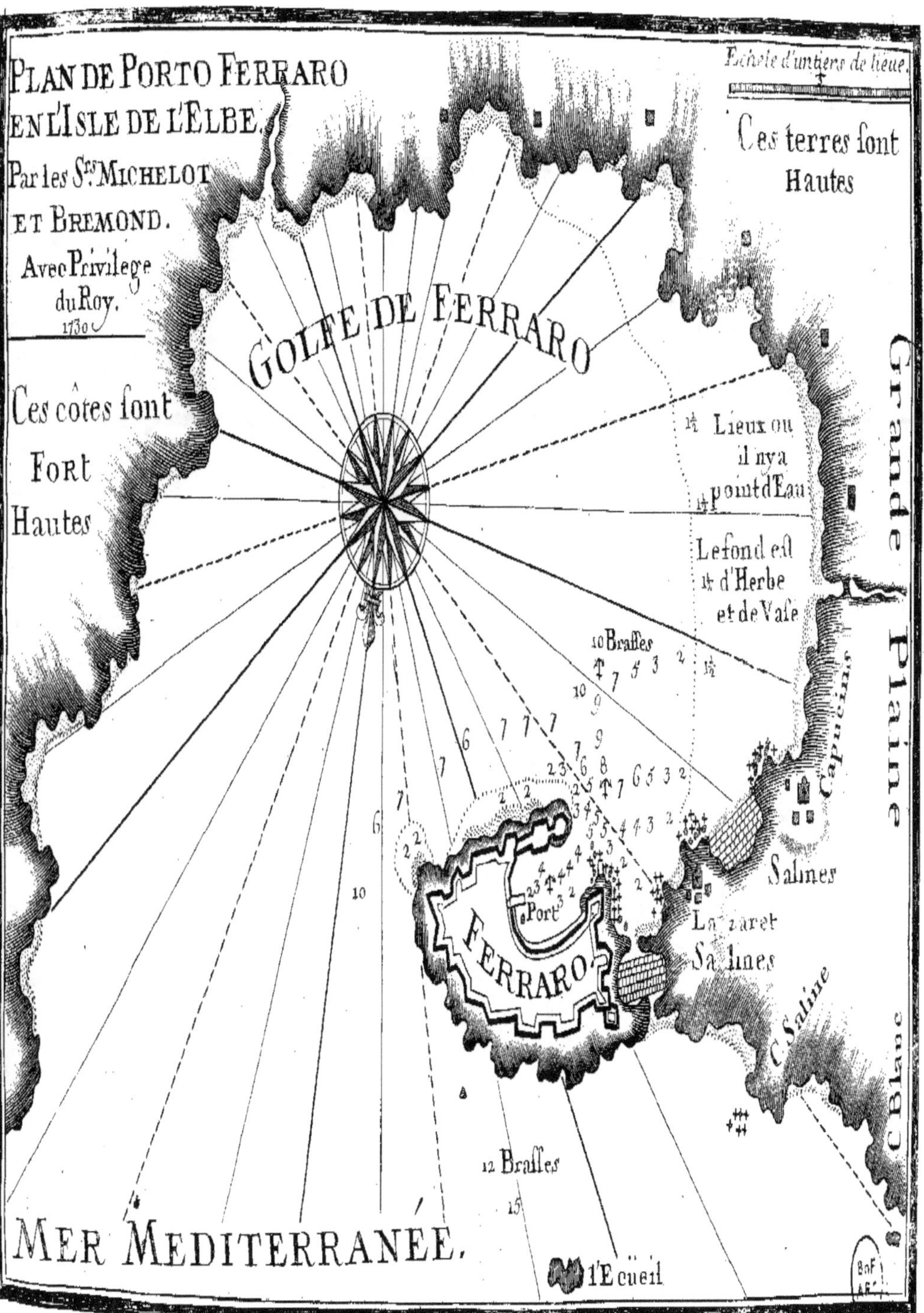

PLAN DE PORTO FERRARO
EN L'ISLE DE L'ELBE.
Par les Srs MICHELOT
ET BREMOND.
Avec Privilege
du Roy.
1730
Echele d'un tiers de lieue.
Ces terres font Hautes
Ces côtes font
Fort
Hautes
GOLFE DE FERRARO
Grande Plaine
1½ Lieux ou il n'y a point d'Eau
Le fond est d'Herbe et de Vafe
Capucins
10 Brasses
Salines
Port
FERRARO
Lazaret
Salines
C. Saline
C. Blanc
MER MEDITERRANÉE.
12 Brasses
l'Ecüeil

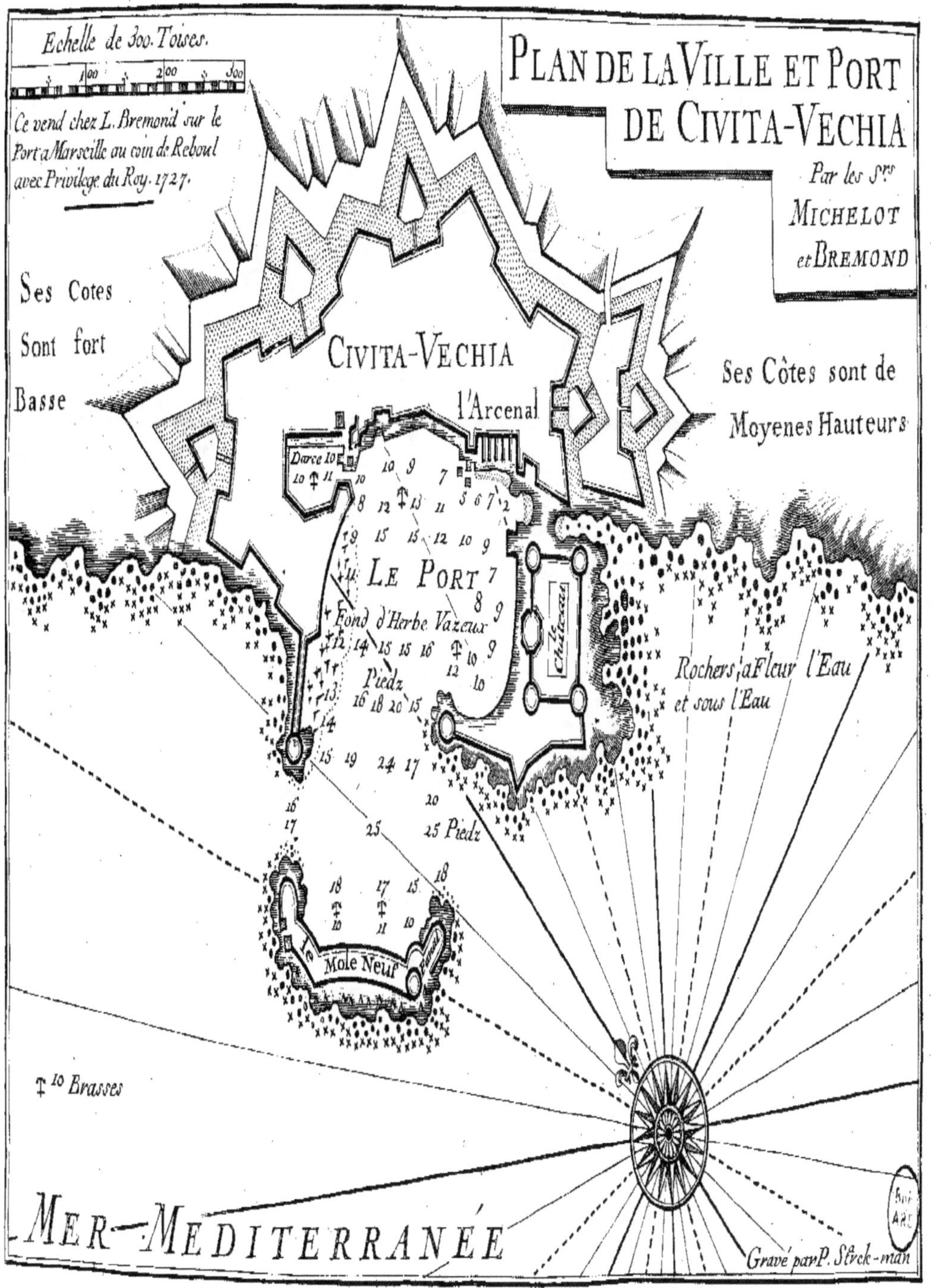

Echelle de 3oo. Toises.
1oo   2oo   3oo
Ce vend chez L. Bremond sur le
Port a Marseille au coin de Reboul
avec Privilege du Roy. 1727.
PLAN DE LA VILLE ET PORT
DE CIVITA-VECHIA
Par les Srs
MICHELOT
et BREMOND
Ses Cotes
Sont fort
Basse
CIVITA-VECHIA
l'Arcenal
Ses Côtes sont de
Moyenes Hauteurs
Darce 10
LE PORT
Fond d'Herbe Vazeux
Piedz
Chateau
Rochers, a Fleur l'Eau
et sous l'Eau
Piedz
Le Mole Neuf
10 Brasses
MER-MEDITERRANÉE
Gravé par P. Stuck-man

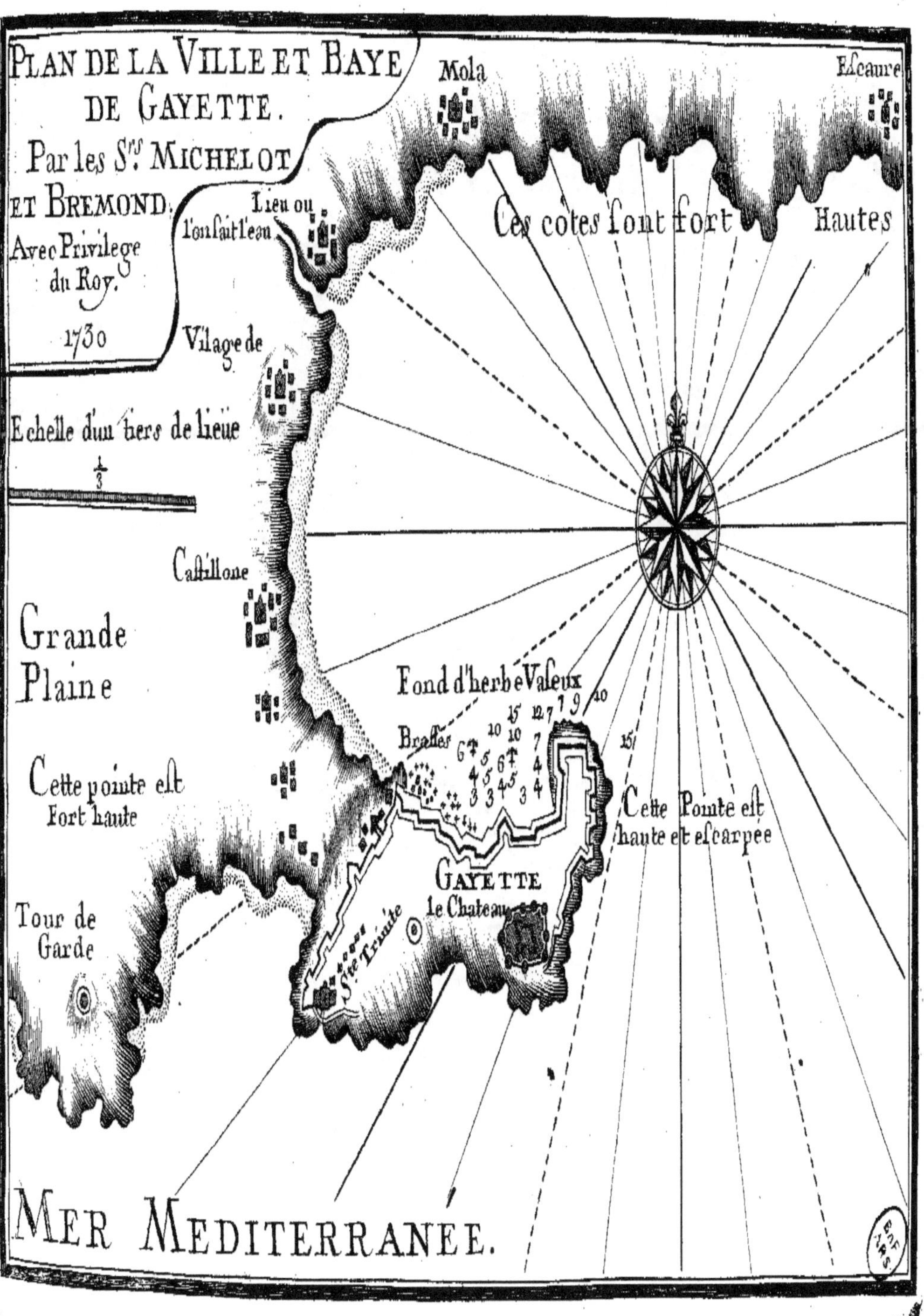

PLAN DE LA VILLE ET BAYE DE GAYETTE.
Par les Srs. MICHELOT ET BREMOND.
Avec Privilege du Roy.
1730
Echelle d'un tiers de lieue
1/3
Grande Plaine
Cette pointe est Fort haute
Tour de Garde
Mola
Escaure
Ces côtes sont fort Hautes
Lieu ou l'on fait l'eau
Vilage de
Castillone
Fond d'herbe Valeux
Brasses
Cette Pointe est haute et escarpée
GAYETTE
le Chateau
Ste Trinité
MER MEDITERRANEE.

A Paris chez Crepy rue St Jacques.

NAPLES

Ville Caple da Rme de ce nom en Italie, avec Archevesche. Sappelloit anciennement Parthenope les Dominiquain y conserve le Crucifix qui par la a St Thomas d'Aquin les Napolitains furent fort fidelles aux Romains, leur etat passa aux gots dans le V. siecle, Belisaire genl des armee de l'Emprour Justinien s'en empara en 637. depuis les lombard en furent chasse par Charlemagne le sief du R. de Naples appartena l'eglise les Pape en ayant faict la conqueste eur les Sarazins qui la posedoui dans le 9. et 10. Siecle, les descendans de Tancrede de hauteville gentilhomm normand furent les Irs Roys de Naples vers lan 1080. et Constance heritiere fut marie a l'Empereur Henry 6. douce Royaume tomba dans la Maison de Souabe en 1186. et en 1266. le Pape Clement IV. investi Charle d'Anjou Frere de St Louis du Royaume de Naples les Princes de cet Maison lont possede jusqua ceque. Jeanne II. adopta Alfonse V. Roy d'Arragon depuis Charle VIII et Louis XII. Roy de France en furent les Maitres mais Gonsalve ayant oblige les Francore de ce retire il tomba entre les mains de Ferdinand Roy d'Espagne. et les Sucesseurs lont possede jusqua ce Royaume a etz cede a l'Empereur Charle VI. par le traite de Rastat en 1713.

1. le Chateau de l'Oeuf	4 Chasteau neuf	7 la Lenterne	13. les Chartreux
2 Boulvar de Ste Lucie	5 l'Arcenal	8 le Mole	14 les Camadules
3. Tour de St Vincent	6 la Farce	9 les Carmes	15 Solfatara
		10 Porte Capouane	16 Palais Royal
		11 St Janvier	
		12 Chasteau St Elme	

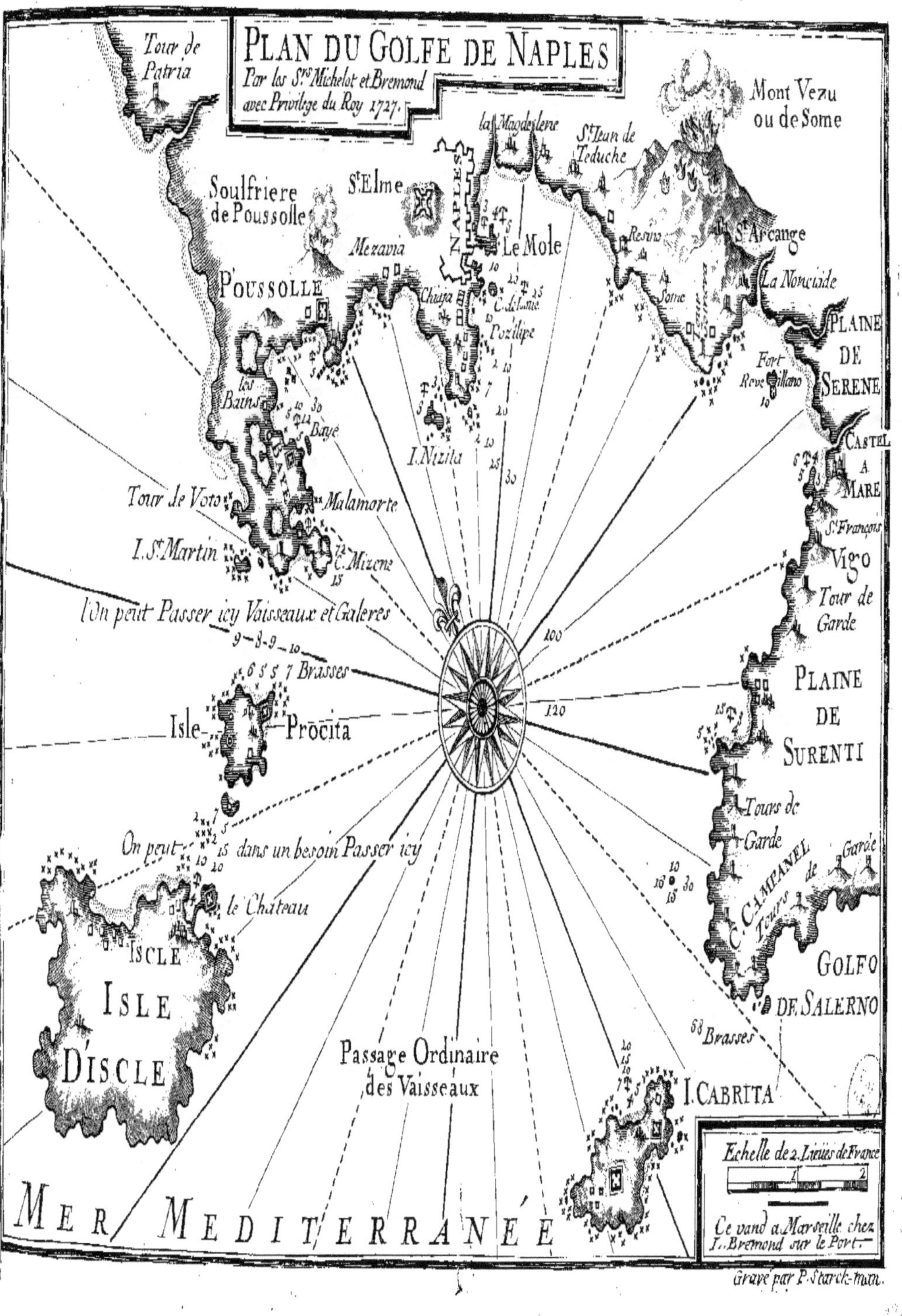

Tour de Patria
PLAN DU GOLFE DE NAPLES
Par les Srs Michelot et Bremond avec Privilege du Roy 1727.
la Magdeleine
St Jean de Teduche
Mont Vezu ou de Some
Soulfriere de Poussolle
St Elme
NAPLES
Le Mole
Resino
St Arcange
La Nonciade
Mezavia
Chaja
C. de Saue
Pozilipe
Some
PLAINE DE SERENE
Poussolle
les Bains
Baye
Fort Reve Gillano
CASTEL A MARE
Tour de Voto
Malamorte
I. Nizita
St François
I. St Martin
C. Mizene
Vigo
Tour de Garde
l'On peut Passer icy Vaisseaux et Galeres
9 - 8 - 9 - 10
6 5 5 7 Brasses
100
120
PLAINE DE SURENTI
Isle - Procita
Tours de Garde
On peut 15 dans un besoin Passer icy
le Chateau
C. CAMPANEL Tours de Garde
ISCLE
ISLE D'ISCLE
GOLFO DE SALERNO
58 Brasses
Passage Ordinaire des Vaisseaux
I. CABRITA
Echelle de 2 Lieües de France
Ce vand a Marseille chez I. Bremond sur le Port.
MER MEDITERRANÉE
Gravé par P. Starck-man.

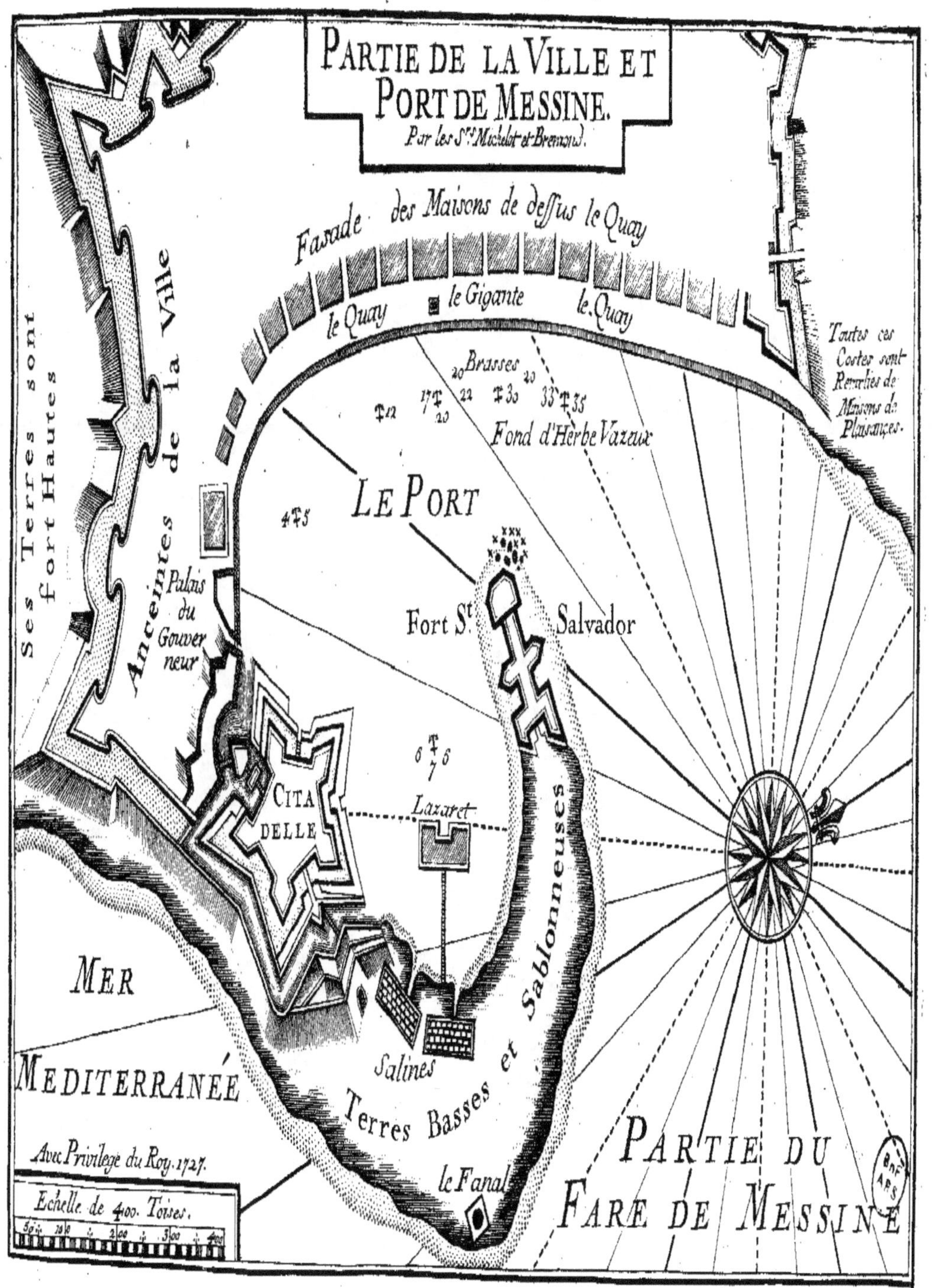
PARTIE DE LA VILLE ET PORT DE MESSINE.
Par les Srs Michelot et Bremond.
Fasade des Maisons de dessus le Quay
le Quay
le Gigante
le Quay
Toutes ces Costes sont Remplies de Maisons de Plaisances.
Ses Terres sont Fort Hautes
Anceintes de la Ville
20 Brasses 20
17 22 30 33 35
12 20
Fond d'Herbe Vazeux
LE PORT
Palais du Gouverneur
4 5
Fort St Salvador
6 6
7
CITA DELLE
Lazaret
Sablonneuses
MER
MEDITERRANÉE
Salines
Terres Basses et
Avec Privilege du Roy. 1727.
le Fanal
PARTIE DU
FARE DE MESSINE
Echelle de 400. Toises.
50 100 200 300 400

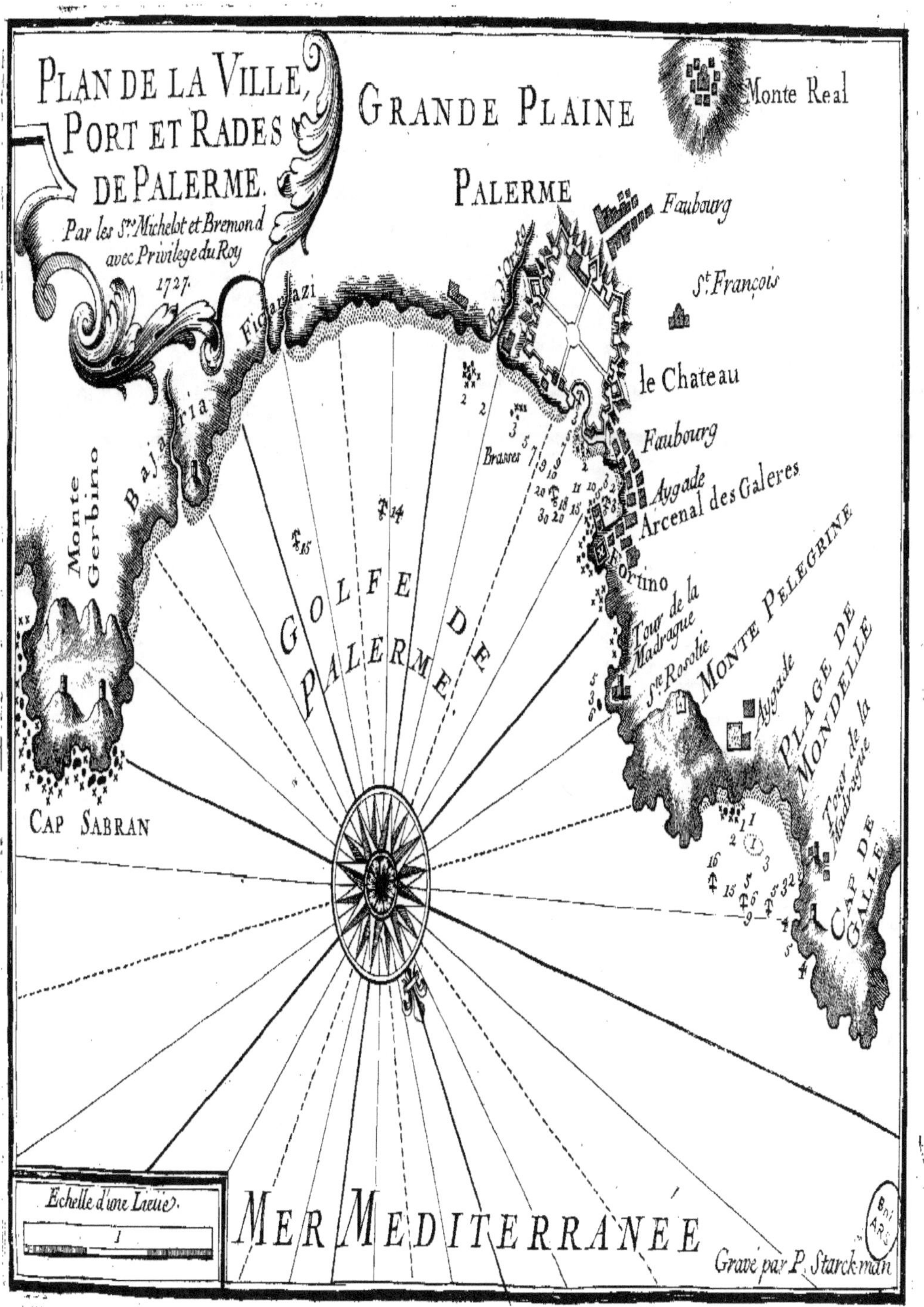

PLAN DE LA VILLE,
PORT ET RADES
DE PALERME.
Par les S.rs Michelot et Bremond
avec Privilege du Roy
1727.
GRANDE PLAINE
Monte Real
PALERME
Faubourg
S.t François
le Chateau
Faubourg
Aygade
Arcenal des Galeres
Figaretazi
Baia Aria
Monte Gerbino
CAP SABRAN
Ortino
Tour de la Madrague
S.te Rosolie
MONTE PELEGRINE
Aygade
PLAGE DE MONDELLE
Tour de la Madragne
CAP DE GALLE
GOLFE DE PALERME.
Brasses
Echelle d'une Lieue.
I
MER MEDITERRANÉE
Gravé par P. Starckman.

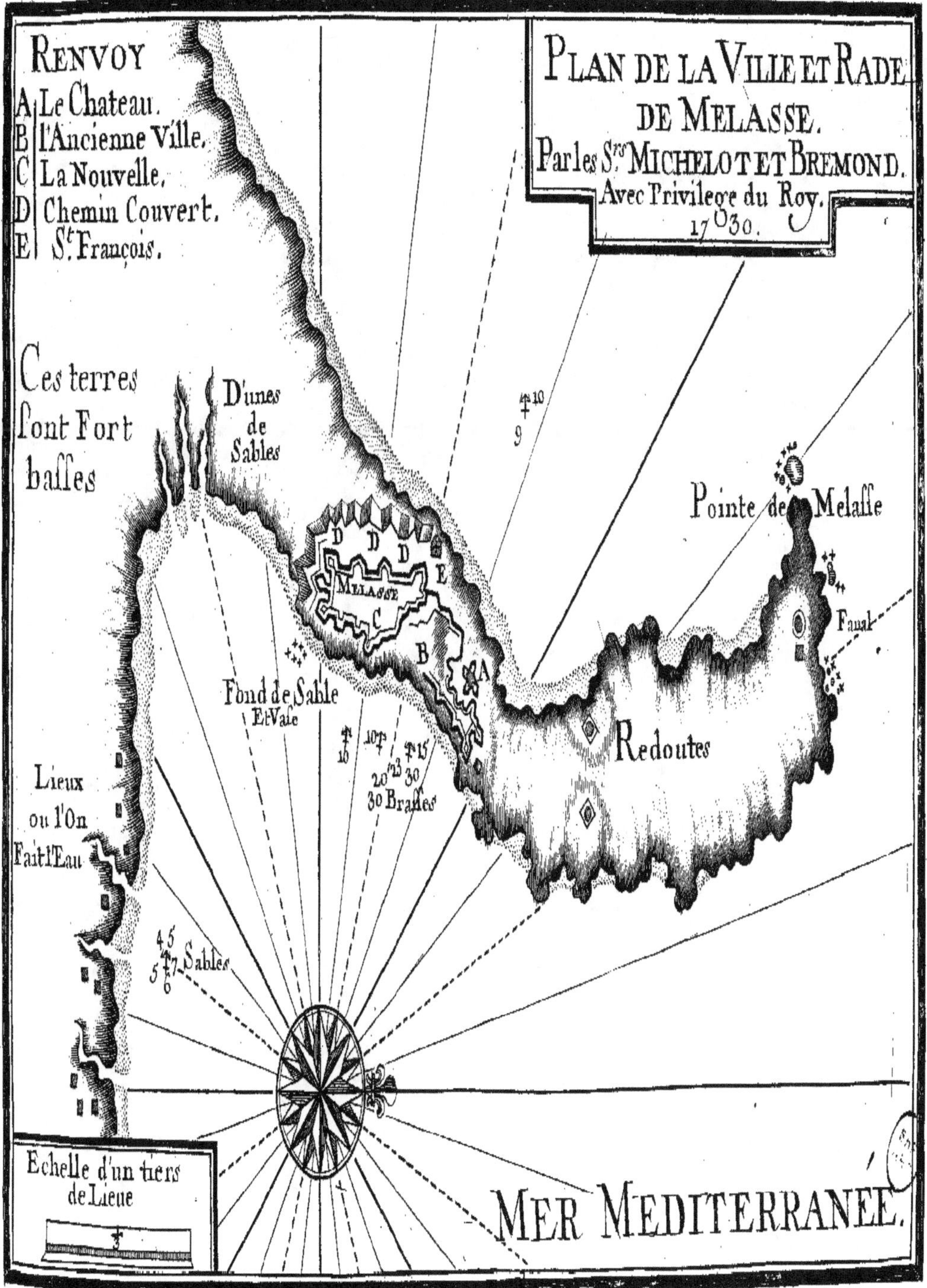

Renvoy
A Le Chateau.
B l'Ancienne Ville.
C La Nouvelle.
D Chemin Couvert.
E St François.

Ces terres
font Fort
basses

Plan de la Ville et Rade
de Melasse.
Parles Srs Michelot et Bremond.
Avec Privilege du Roy.
1730.

D'unes
de
Sables

Pointe de Melasse

Faual

MELASSE

Fond de Sable
Et Vaie

Redoutes

30 Brasses

Lieux
ou l'On
Fait l'Eau

Sables

Echelle d'un tiers
de Lieue

Mer Mediterranee.

A Paris chez Crepy rue St. Jacques a l'ange gardien.

VARSOVIE.

Ville de Pologne Capitale de la Massovie, et le sejour ordinaire des Rois, le Royaume de Pologne que les habitans nomment Polka, a de vaste campagne et des bois propre pour la Chasse, elle n'a que 2 archevesché Guesne et Lerpold l'archevesque de Guesne est le 1.er senateur de l'etat et il gouverne apres la mort du Roi jus qua le lection d'un nouveau Prince il n'y a que la Noblesse qui soit considerable en Pologne le tiers estat étant presque tout Esclave les Polonois se pique fort de di: votion, ils sont maigre et jeune le mercredy, outre le vendredy et le samedy, mais ils ne laissent pas de s'enyvrer ou de se battre les paysans sont pau: vres et miserables, leur vie est a juste prix. les Gentilshommes a l'egard de ses domestiques et de ses paysans a droit de vie et de mort, les femmes sont de petites tailles, peu belles, beaucoup simples, et fort honnestes, les Polonois les aiment, mais en maistres, quand ils retourne de la campagne elles leurs viennent baiser la main droite. il ny a point d'Hotelleries le long des chemins, les Gentilshommes qui voyagent logent chez les paysans qui sont obligé de les recevoir ce qui est payer la taille.

1. Chateau Royal	4. Carmelites	7. Ste. Claire	13. Tour du Mareschal
2. Filles de Ste. Marie	5. St. Bernard	8. Palais du Prince Charle. Ferdindd.	10. St. Jean Cathedrale
3. Palais Conietzpolski	6. Statu du Roy Sigismond	9. Maison Royale	11. les Jesuites
			12. la Maison de Ville
			14. St. Germain
			15 Ste. Marie
			16. Tour aux Poudres

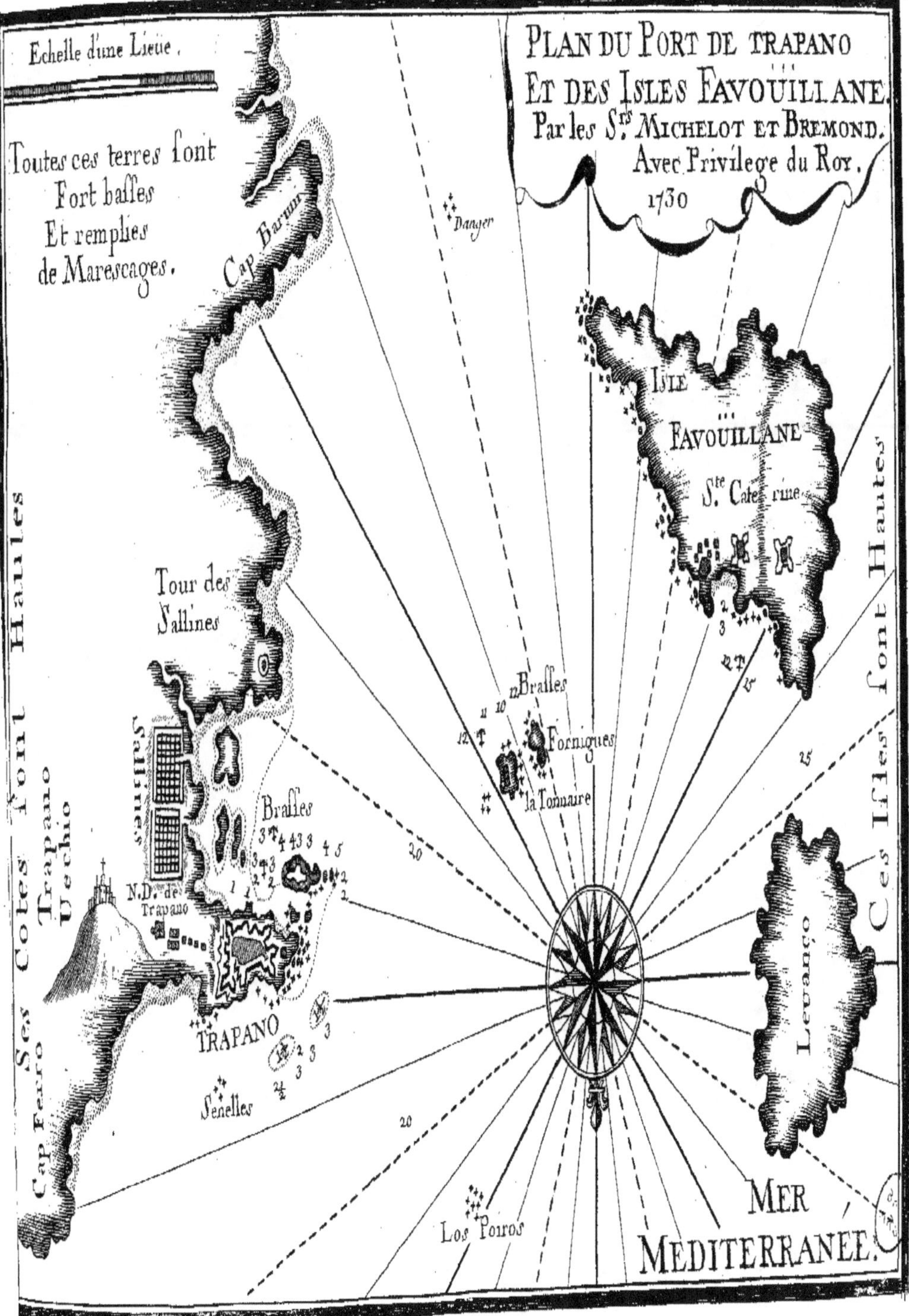

Echelle d'une Lieue.
Toutes ces terres font
Fort baffes
Et remplies
de Marescages.
PLAN DU PORT DE TRAPANO
ET DES ISLES FAVOUILLANE.
Par les Srs. MICHELOT ET BREMOND.
Avec Privilege du Roy.
1730
Danger
Cap Barum
Isle
FAVOUILLANE
Ste. Caterine
Tour des
Sallines
Ces Isles font Hautes
Ses Cotes font Hautes
Cap Ferro
Trapano
Vechio
Sallines
N.D. de
Trapano
Braffes
nBraffes
Fornigues
la Tonnaire
Levanço
TRAPANO
Senelles
Los Poiros
MER
MEDITERRANEE.

Chartres ville de France dans la Beausse et capitale du païs Chartrain avec Presidial et Evesché suffragan de Paris les Druides et les Eurmyde ministres de la religion des anciens Gaulois la bâtirent et ayant predit la naissance de Jesus Christ d'une mere Vierge, Prisous Gouverneur pour les Romains, eleva un Temple à la gloire de cette fille fortunée qui devoit enfanter sans violer sa pureté, avec cet inscription à la Vierge qui doit enfanter. elle a eu plusieurs Comtes, Guerre de Chastillon heritiere la vendit en 1079 au Roy Philippe le Bel, le Roy François 1. l'érigea l'an 1548 en Duché en faveur de René de France duchesse de Ferrare à laquel il la engagea pour 45000 escus d'or et fut remis au Bon Louis XIII. par Henry Duc de Nemours en 1623, elle est l'appanage des Enfans de la maison d'Orleans Rollon chef des Normands assiegea Chartre l'an ... elle fut presque toute brulée l'an 1019 les Protestans la saccagerent inutillement en 1568 durant la guerre de Charles IX elle suivit depuis le parti de la ligue, mais le Roy Henry le grand la prit l'an 1591 ou fit tuer dans le temps que la ville de Chartres consistait encore dans la rebellion. les rües de Chartres sont fort etroites mais on y trouve de grandes Places, de beaux Promenoirs, de jolies Maisons, et les Eglises magnifiques, dans la Cathedrale reservée son Eglise ... et les clochers y sont un sujet d'admiration pour les Etrangers.

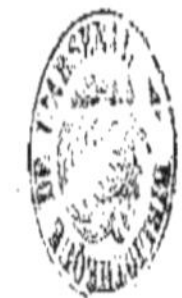

CAEN

Ville de France Capitale de la Basse Normandie avec Presidial, Baillage, Election, Generalité, Bureau des Finances et Tresoriers avec une Université fondé en 1451. L'evesque de Bayeux en est Chancelier et les Evesques de Lizieux et de Coutance sont conservateurs des Privileges Apostolique elle tomba au pouvoir
des Hugnots en 1562. ceux de Caen se vantent d'avoir touyour eté bien fidelle. et il disent même que c'est pour cet raison quon leurs a permis
d'avoir trois Fleurdelis dans leur Armes le Roy Henry II. y a etablit une chambre de la monoyes en 1550.

1. la Visitation	5. les Jesuittes.	8. S.t Pierre.	11. l'Hostel Dieu.	14. les Carmes
2. Abbaye S.t Estienne	6. S.t Sauveur	9. le Chateau.	12. S.t Gille.	15. Porte Millet
3. S.t Martin	7. Noire Dame.	10. S.t Jean.	13. l'Abbaye aux Dames	16. Mais. et jard. de Vaucelle
4. S.t Estienne				

A Paris chez Crepy rue S.t Jacques a lange gardien.

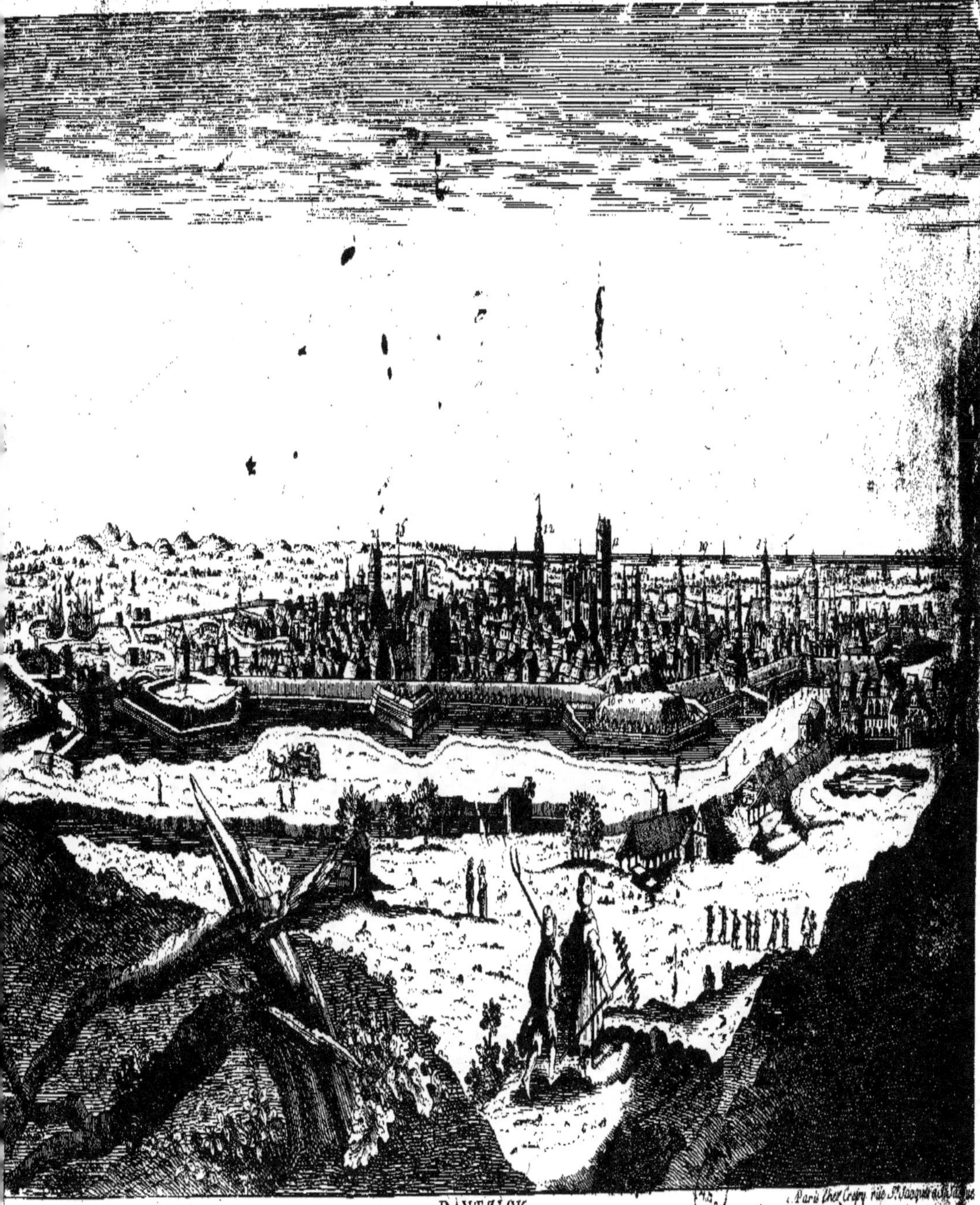

DANTZICK

... et la plus florissante Ville de la Prusse renommée a causse de son port non seulement pour l'abondance de bled qui s'y trouve mais encor pour son grand traficque a quoy l'inve[...] fleuve de Wixel qui [traverse] cette Ville estoit inconnue aux anciens et Krantius dit que son Grand Pere y estan entre trouva les Magistrats assemblez en une maison seule batie de brique toutes les aut[...] [...]oi et de terre couvertes de Cire et de roseaux, mais depuis Cent ans elle s'est rendue recommandable par la beauté de ces edifices la magnificences de ces temples et la regularitez de ces fortif[ications...] [le] peuple se sont rendue si puissant qu'il Chasserent les Freres et Chevaliers de l'Ordre Thutonique leurs Seigneurs et prirent pour protecteur le Roy de Pologne du quel ils sont subjets maintenant.